阅读成就思想……

Read to Achieve

跟大师学
销售智慧

THE GREATEST SALES TRAINING
IN THE WORLD

［美］罗伯特·纳尔逊（Robert Nelson）◎著
郭东芳◎译

中国人民大学出版社
·北京·

图书在版编目（CIP）数据

跟大师学销售智慧 /（美）罗伯特·纳尔逊（Robert Nelson）著；郭东芳译. -- 北京：中国人民大学出版社，2020.8
书名原文：The Greatest Sales Training in the World
ISBN 978-7-300-27117-0

Ⅰ. ①跟… Ⅱ. ①罗… ②郭… Ⅲ. ①销售—通俗读物 Ⅳ. ①F713.3-49

中国版本图书馆CIP数据核字(2020)第131512号

跟大师学销售智慧
[美] 罗伯特·纳尔逊（Robert Nelson）　著
郭东芳　译
Gen Dashi Xue Xiaoshou Zhihui

出版发行	中国人民大学出版社		
社　　址	北京中关村大街31号	邮政编码	100080
电　　话	010-62511242（总编室）	010-62511770（质管部）	
	010-82501766（邮购部）	010-62514148（门市部）	
	010-62515195（发行公司）	010-62515275（盗版举报）	
网　　址	http://www.crup.com.cn		
经　　销	新华书店		
印　　刷	天津中印联印务有限公司		
规　　格	148mm×210mm　32开本	版　次	2020年8月第1版
印　　张	7　插页1	印　次	2020年8月第1次印刷
字　　数	148 000	定　价	59.00元

版权所有　　侵权必究　　印装差错　　负责调换

推荐序

1968年，弗雷德里克出版公司荣幸地出版了奥格·曼狄诺的《世界上最伟大的推销员》(*The Greatest Salesman in the World*) 一书。这本书叙述了一个很朴素的故事：一位推销员从十卷羊皮卷里发现了成功的秘诀。从此，此书超越同类书，成为永恒的经典，在所有销售励志类书籍中跻身第一位，成为经久不衰的畅销书。

在寻觅人生真谛的过程中，奥格发现了世界上伟大的智者所揭示的成功秘诀，并将之写进了《世界上最伟大的推销员》一书中，为人们展示了如何运用这些秘诀，使自己到达人生的巅峰。

罗伯特在开始寻求销售良师时，拜读了奥格的书，并从此成为其追随者。

现在，弗雷德里克出版公司非常自豪地将《跟大师学销售智慧》一书呈现给大家。在这本书中，罗伯特萃取了奥格的十卷羊皮卷宝训，并将之运用到销售培训中，让人们能够学习运用同样的原则，去寻求幸福、爱、安宁，从而走上成功的道路。

这些秘诀能让你实现梦想，你所做的就是一遍又一遍地仔细阅读，让它们成为你生活中的一部分。

祝你心想事成！

并致以最诚挚的祝福！

唐纳德·L. 莱森（Donald L.Lessne）
出版商

THE GREATEST SALES
TRAINING IN THE
WORLD | **作者序**

    本书旨在褒扬奥格·曼狄诺这位天才人物，因为他写下了最畅销的经典之著《世界上最伟大的推销员》。

    在过去的30多年来，在销售类书籍中，这本书一直最为读者喜爱。

    虽然这本书是关于销售的，但曼狄诺并没有在书中宣讲销售的基本法则和技巧，而是阐释伦理道德才是推销员取得成功的秘诀。

    《世界上最伟大的推销员》被公认为一部启迪心灵的佳作，大部分书店都把这本书分到了宗教类书籍中。

    书中阐述了伦理道德标准与成功的销售息息相关，但令人遗憾的是，在现实中，人们经常会将这两者割裂开来。

    然而，真理终归是真理，人世间并无例外，曼狄诺在书中滔滔雄辩。假如你熟知他所阐述的道德准则，并运用得当，那么你的生活和销售事业都会走向成功。

推销之所以背负骂名，是因为从业者很多时候缺少为客户服务的意愿，而为了达成交易却不择手段。

美国一代营销大师汤姆·霍普金斯（Tom Hopkins）说过，世上最有才干的推销员在监狱里。缺少道德准则，不具备忠实的服务意识，再有才干，也和花言巧语的骗子无异。

因此，我才写了《跟大师学销售智慧》这本书，旨在帮助人们清楚地看到，作为推销员如何有效运用羊皮卷中的智慧，保持最高的道德水准，增加销售利润。

《跟大师学销售智慧》一书再三强调了曼狄诺这些不可或缺的道德准则，你们将会学到十卷羊皮卷里的道德古训，并看到它们是如何在实际中运用的，从而提高销售业绩。

THE GREATEST SALES TRAINING IN THE WORLD | **前言**

　　销售是所有企业和工厂的起点，销售工作既是世界上回报率最高的职业之一，也是让许多人伤神甚至恐惧的职业。很多成功的公司最开始都有自己的一套理念，而正确的销售理念会给他们带来成功。

　　不论你从事什么工作，你一定会碰上某种形式上的推销，这一点毫无疑问。比如，你可能会说服你的老板给你升职；说服你的部门经理给你分派某个任务；说服你的同事与你合作某个项目。不论什么时候，只要你在劝说某个人接受你的观点，你就是在推销。因此，无论做什么，一旦在游说他人方面变得游刃有余，你就可以更上一层楼。

　　为什么有些人的销售事业有成，而有些人却很失败呢？是不是有的人天生就不适合做销售？实际上与这种观点相反的是，销售人员并不是天生的。没有什么天赐可以让一个人生来就适合做销售，这些人都是后天训练出来的。和其他技能一样，销售也是一种可以通过培训、学习和实践，直到最后完全掌握的技能。

成为一名优秀的推销员，培训无疑可以起到重要的作用，行之有效的销售培训可以提高销售业绩。你将发现这不是一项普通的销售培训，而是世界上最伟大的销售培训课程。

本书主要内容

首先，本书里的培训主要集中在"十大羊皮卷"上，并基于奥格·曼狄诺的《世界上最伟大的推销员》一书的内容，为你展示如何学习和掌握奥格·曼狄诺久经考验的法则，并将之运用到现实生活中。

其次，本书确保可以帮助你获得更好的业绩！每章都包含实战练习，可以提升你的销售能力。你可以付诸实践，提高你的销售业绩。

开始做销售

这要从我的人生低谷期讲起。我曾经拥有人们所说的铁饭碗，拿着高薪，拥有许多人梦寐以求的最好的医保和退休福利，尽管如此，欲望的不满足驱使我丢弃了铁饭碗，下海经商。

和许多人一样，我钟情于无限的收入，渴望拥有大量的时间供自己支配。自由独立诱惑着我，理想的激情让我盲目，我几乎不知道要付出什么代价才能维持住这种全新的状态。在通往成功的道路之前是黎明前的黑暗，还好，我走得并不远。在市场大潮中，我败下阵来。我的公司倒闭，我不得不重新开始寻找工作。之后，我破釜沉舟，不打算再回到过去的工作，下决心找到另一扇门。

就在此时，我掌握了销售的技巧，而销售正是我要找的那扇门。销售好比一匹待驯服的野马，许多人几乎没有什么技能，也没有自己的目标，就跨上了马鞍。随之而来的就是被无情地摔下马背，对销售业产生恐惧感。我也不例外，我也曾被狠狠地抛下，但我选择的不是离开，而是学习去驯服这匹野马，因为我不想重蹈覆辙。

寻觅良师

为了能在销售行业取得成功，我特意寻觅资深良师，实际上，也就是寻找一位成功的推销员。可惜，那些事业有成的推销员非常忙，没有时间为我进行一对一的经验传授。我发现了一些世界一流的销售培训课程，但是大都贵得离谱，价格远超我能承受的范围，我只能花少许钱购买书籍和录音带。我开始频繁进出图书馆，寻找所有有关销售的免费教程。

销售资讯浩如烟海，我仿佛在一条知识的大河里遨游，但时间一长，也会逐渐感到有些筋疲力尽，很想找个地方靠岸休憩。无独有偶，奥格·曼狄诺的著作就是这样的一个存在，我们的培训课程也正始于此处。

在拜读了奥格·曼狄诺的著作之后，我成了其追随者。理由很简单：曼狄诺的书都是关于销售的专著，通俗易懂、简单易学，还可灵活应用。

起初，一想到我贸然踏入的这个行业的未来，我就感到焦虑害怕，一身冷汗，不知未来的路到底在哪里？随着不断地深入学习和运用这些原理和准则，我感觉自己的销售技能如魔法般施展。当其他人还在坐等观望、一筹莫展的时候，我已从羞于示人的窘境中走出，成为敢于面对瞬息万变的商场的骁勇战士。我的销售技巧颇有成效，就算有一个人在大水没顶之际，我也能卖给他一杯水。在现实工作中，我的销售业绩卓然，被委以重任，负责全国黑人商业贸易协会的培训工作，教授企业家们如何更好地销售他们的产品和服务。这些羊皮卷宝训成就了我的销售生涯，既然它能对我大有裨益，我相信，对你们也同样有效。

主动推销还是守株待兔

所有的销售培训课程都会涉及一个问题：推销和我有关系吗？答案是肯定的，推销就是为你而生的。每个人都会不自觉地卷入推销中。如果你不学习推销，你就无法成功。

首先，让我们思考一下这样一个事实：销售只不过是购买的反面。普通人也许不是职业买手，但他一定是个消费者，如果他不学习如何做一名聪明的顾客，就会浪费钱财。同样，普通人也许也不是一个有头脑的推销员，即便他一直在做销售，如果他不学习如何做一名精明的推销员，那即使他销售出了产品或者服务，最后也会吃亏。

销售之于市场生存，就如同呼吸之于生命一样重要。没有呼吸，生命难以持续；不学推销，经商难以为继。这个问题值得我们思考，不管你从事什么工作，屠夫、面包师……你都在提供某项服务，并能由此获得回报。当然，你销售得越好，获得的回报就会越丰厚。

在每个行业中，都会有人廉价"出卖"自己，其实他们就是不懂自我推销。许多人才华满满，却薪资低微；也有些人挣得不少，却远远没有达到他们应得的报酬。这些人其实就是在廉价抛售自己！他们误以为自己的付出与所得是成正比的。

你是否曾认为自己的所得要低于你自身的价值？你有没有觉得某人干得不如你多，工资却比你拿得多？如果在这两个问题的答案中有一个是肯定的，那你就是在"贱卖"自己。接下来，我们的课程就是要让你提高自己的标准，以获得真正的价值。

课前自我评估

在第一课开始之前，请做一下下面的评估测试。我所设计的这些问题，是要帮助你创建一幅图像，认清在自己的职业生涯中，你当前处于什么位置。因为这幅图像将被用来制定你提升自我的起始点，所以一定要如实回答。

评估完成后，你可以继续进行培训。60天或者90天后，当你阅读完本书的最后一章，重新测试下，作为培训后的自我评估。那时候你会发现，你的回答与之前有一个明显的区别，因为你将会得到一个可衡量的结果。

1. 你的职业是什么？

跟大师学销售智慧

2. 你的公司的目标是什么？
_____

3. 你现在的收入是多少？月收入是多少，年薪又是多少？
_____

4. 你理想的收入是多少？理想月收入是多少，理想年薪又是多少？
_____

5. 为了增加收入，你可以做一件什么事？
_____

6. 当你销售产品或服务时，第一句话说什么？
_____

7. 你的产品或服务的最大利润是多少？
_____

8. 通常，人们是怎么拒绝你的产品或服务的？
_____

9. 你对这种拒绝是如何回答的？
_____

10. 达成销售时，你最常使用的语句是什么？
_____

十卷羊皮卷传说

在一座宫殿的穹顶之处，通过旋转式楼梯，进入那间密室，海菲的珍宝就存放于此。30多年来，两名全副武装的卫兵日夜把守，除了海菲本人，任何人不得进入这里。关于这间密室，有着无数的传闻。有的人说那里有大量的钻石珠宝、珍禽异兽，甚至有人谣传，那里有座后宫，里面住着异国美女供海菲享乐。而他本人则称，就算那里钻石满屋，也抵不过屋里唯一的东西——盛放着珍宝的木箱子。

木箱子里面有十卷羊皮卷，记述了所有关于成功、幸福、爱情、安宁和财富的秘诀。半个多世纪以来，只有伟大的推销员才能有幸读到它。海菲曾经的老板，也是他的导师巴弐罗，将这些羊皮卷传授给了他。日后，他也将此传给了世间那些能分享这些闪光智慧的推销员。

曼狄诺的传奇在数百万人中流传，尽管有传说的成分，但这些羊皮卷的确包含了难以估价的秘密，而且是开启成功与幸福之门的钥匙。

奥格·曼狄诺向我们展示了成功销售背后的秘诀，但仍有许多人不懂得如何运用他的智慧。现在你有机会接近并阅读这本书，从而找到适合你自己的销售秘诀。

如何培养成功的习惯

第一卷羊皮卷相比其他卷，非常独特。其余九卷教授的是具体的成功法则，而只有第一卷才是取得成功的入门路径。

就好比一条路，我们必须懂得它的基本规则，才能驾车前行，但如果你不会开车，这些基本规则对你就毫无意义。第一卷是你开车的基本功，其余九卷则是帮你成功销售的基本法则。假如你不懂得运用第一卷，那么其余九卷就几乎一点用都没有。

海菲说："第一卷包含着一个秘密，历史上仅仅传给了几个聪明人。"实际上，第一卷教授的就是如何最有效地学习其余九卷的方法。

这些羊皮卷都是精心设计而成的，为的是让读到它们的人能够培养良好的习惯，从而走向成功。最有效的方法就是学会运用第一卷羊皮卷所传授的秘诀，其余九卷的准则才能够融入你的日常生活中。

在生活中，我们都是学生，物类其形得造化之理，我们的行为和个性受到周围环境的各种影响力而铸造成型。关键在于，要选择哪个影响力做师傅，然后不断地向其求教，从而培养出良好的个性，得造化之理。

THE GREATEST SALES
TRAINING IN THE
WORLD | **目录**

第 1 章　开始全新的生活 / 1

因为不断重复，一件事情越来越能轻松完成时，就成了一种乐趣，让人从骨子里乐意去经常执行它。当我经常如此行动，就形成了一种习惯。

羊皮卷宝训 1：习惯 / 2

培训课 1：成功的良好习惯 / 7

实战练习：培养良好习惯 / 13

人物聚焦：莱斯·布朗 / 15

第 2 章　用真诚的爱迎接每一天 / 21

　　爱是我的利器，可以打开人们的心扉；爱也是我的护身符，让我不惧仇视之箭和怒气之矛。

　　羊皮卷宝训 2：爱 / 22

　　培训课 2：处世哲学 / 26

　　实战练习：培养爱心 / 31

　　人物聚焦：肯·布兰佳 / 35

第 3 章　坚持到底，直到成功 / 43

　　人生的奖赏不在旅程起点，而是在终点。没有人告诉我，要达到目标究竟需要走多少步，也许走到第一千步时，还会遇到挫折，但是成功就藏在下一个路口的拐弯处，我不知道究竟有多远，直到我拐过那个弯才会知道。

　　羊皮卷宝训 3：持之以恒 / 44

　　培训课 3：持之以恒的毅力 / 48

　　实战练习：培养持之以恒的毅力 / 54

　　人物聚焦：乔·吉拉德 / 56

第 4 章　我是天之骄子 / 61

我要不断了解人们，了解自己，了解我的产品，这样才能让我的销售翻番。我要不断练习、改善和润色我的语言，这样才可以打造坚实的职业生涯，获取财富与成功。

羊皮卷宝训 4：自尊 / 62

培训课 4：自尊 / 65

实战练习：培养自尊 / 71

人物聚焦：马克·维克托·汉森 / 73

第 5 章　珍惜今天，待之如生命的最后一日 / 79

如果这是我生命的最后一日，我要建一座丰碑，让这一天成为我生命中最美好的一日。我会打比平时更多的电话，卖掉更多的产品，挣更多的钱。今天的每一分钟都比昨天硕果丰盛。最后一日必须是最灿烂的一日。

羊皮卷宝训 5：时间 / 80

培训课 5：时间管理 / 83

实战练习：培养时间观念 / 90

人物聚焦：汤姆·霍普金斯 / 92

第 6 章　掌控自己的情绪 / 99

如果我带来的是欢乐、热情、光明和笑容，他们就会报以同等的欢乐、热情，光明和笑容，我的情绪将为我带来丰硕成果：高额的销售、满满的收益。做情绪的主人，掌控自己的命运。

羊皮卷宝训 6：情绪 / 100

培训课 6：情绪掌控 / 104

实战练习：控制自己的情绪 / 110

人物聚焦：查尔斯·琼斯 / 112

第 7 章　微笑面对世界 / 119

我要用我的笑容感染别人，因为皱起的眉头会让顾客弃我而去。从今往后，我只因幸福而落泪，因为悲伤、悔恨、挫折的泪水在商场上毫无价值，只有微笑可以换来财富，善言可以建起一座城堡。

羊皮卷宝训 7：幽默 / 120

培训课 7：幽默感 / 123

实战练习：培养幽默感　/ 129

人物聚焦：保罗·J. 梅耶 / 131

第 8 章 让自己的价值倍增 / 137

我要成为自己的预言家。虽然他们可能嘲笑我,但他们会聆听我的计划,了解我的梦想,这样我就会没有退路,直到兑现诺言。

羊皮卷宝训 8:进取心 / 138

培训课 8:自我完善 / 142

实战练习:不断进步 / 149

人物聚焦:安东尼·罗宾斯 / 151

第 9 章 现在就开始行动 / 161

从现在开始,我要行动起来。从现在开始,我要行动起来。从现在开始,我要行动起来。从此以后,我会一而再再而三地重复这句话,每一天,每小时,直到这句话变成我日常的习惯,和呼吸一样自然,随之而来的行动如眨眼般变成我的本能。

羊皮卷宝训 9:行动 / 162

培训课 9:即刻行动 / 166

实战练习:培养行动的习惯 / 173

人物聚焦:博恩·崔西 / 176

第 10 章　祈祷的力量 / 181

我只求给我引导、指路,让我能有所收获,让我的祈祷得回应。

羊皮卷宝训 10：祈祷 / 182

培训课 10：能力无限 / 185

实战练习：如何祈祷 / 192

人物聚焦：丹尼斯·威特利 / 197

第1章
开始全新的生活

因为不断重复,一件事情越来越能轻松完成时,就成了一种乐趣,让人从骨子里乐意去经常执行它。当我经常如此行动,就形成了一种习惯。

羊皮卷宝训1：习惯

今天，曾经满身失败伤痕的我，将挥手告别伤心往事，**开始全新的生活**。

在这片丰收的葡萄园中，我得到了重生，这里可以说是硕果累累。

当我还未踏足此地时，我的同行中最优秀的前辈们就已在此辛勤耕耘，一代又一代，培育出高大丰满的枝丫藤蔓，所以我可以信手采摘智慧的果实。

我可以品尝这些果实的美味，吞下藏在每一粒果实中的种子，让新的生命在我的体内孕育。

我选择的职业充满了机遇，但也满载心酸和绝望。前人前赴后继的失败，犹如堆砌成山的遗骸，纵使地球上所有的金字塔堆在一起，也不及它高。

而我不会重蹈覆辙，因为我手握航海图，它将引导我穿越恶浪深水，到达宛如梦境的彼岸。

拼搏的结果，不再是失败，就好像上天赋予我血肉之躯，并不是要劳其筋骨让我承受痛楚，也不是要苦其心志让我承受失败。失败同人类的肉身之痛楚一样，与我的生活紧紧相联。曾几何时，我认命于失败，就如生命之躯必须面对生老病死之痛。而今，我已可以将失败拒之门外，全心全意准备承载智慧的金科玉律。它将带领我走出阴霾，进入财富、地位和幸福之光，直至人生佳境。即便是传说中的金苹果乐园，也不过如此，远不及我那璀璨的人生梦想。

如果有人能长生不老，时间会赠予他一切，我对此并无奢望。但在我有生之年，我定会耐心守候，因为上天总是行事有序，早已安排，并非匆匆而就。栋梁之材一如橄榄树，须百年造就；一颗洋葱，九个星期才可成熟。我的生活一直像一颗洋葱，并不如我意，如今我要成为可作栋梁之材的橄榄树，做一个最优秀的推销员。

如何才能达到这个目标呢？我既无专业知识也没有经验，而且因为无知多次跌倒，陷入自怨自艾。答案很简单，不管是缺少专业知识还是所谓的经验，我都将义无反顾地踏上征程。**上天已经馈赠我才华、机智与本能，使我胜过森林中的任何一只猛兽。** 所谓的经验，无非就是年长者首肯的东西，貌似机智实则愚蠢，其价值往往被夸大。

经验的确能教授人们一些东西，然而它的指导需要时间的积累，人们没有时间去领略它的精髓，获得其真正的价值，结果时间都浪费在死人身上。再者，今天被认定的成功之举，明天可能就会失去使用价值。

唯公理般的人生准则才经得起时间的考验，今天我拥有的就是这些能引导我通向伟大之路的法则，而这些都包含在羊皮卷中。它们教给我的不仅仅是获得成功，更是阻止失败的至宝，因为除了良好的心态，还有什么算是成功呢？

在一千位智者中，也许只能有两个人会使用同样的话语来定义成功，而失败的定义则众口一词。失败就是你无法达到自己的预定目标，不论目标是什么。

实际上，**成功者与失败者之间的唯一区别就在于他们的习惯不同**。良好的习惯能帮助你打开成功之门，恶习则会张开失败之口。因此，我将遵守第一条准则，也是重中之重——培养良好的习惯，并乐意坚持下去。

年幼时，我们都曾听凭自己的任性冲动，而现在，作为成熟之人，我只依赖良好的习惯。

从前，我一直屈从于自己的经年恶习，陈年往事也造就一条窄路，威胁着要囚禁我的未来。我的生活如遭到禁锢一般：饕餮无度、欲望横陈、偏知拙见、贪婪成性、情海翻滚、忧愁缠身、环境恶劣，而这一切都是因为恶习在主宰着我的生活。因此，假如真要我臣服于什么的话，那我宁愿成为良好习惯的奴仆。我的恶习必须连根拔掉，更新土壤，播下良好习惯的种子，让我洗心革面，脱胎换骨。

那么，如何完成如此艰难的伟业？拥有了这些羊皮卷，就足够了，因为在每一卷羊皮卷里，都包含着一个准则，它将教给你如何驱赶恶习，代之以通往成功的好习惯。**一物降一物，一个习惯代替另一个，这是上天赋予的法则之一**。所以，为了让这些成文的东西发挥其应有的作用，我必须要用第一个新的习惯克制自我：按照所规定的要求，30天阅读一卷羊皮卷，然后再继续阅读下一卷。

第一步，起床后默读那些文字；第二步，午餐后默读；最后一步，入睡前再次阅读。不同的是，最后一次要大声朗读。

第一天，我会重复如上步骤，接下来的每一天都会重复进行，直至30天。

之后，我会重复此步骤阅读接下来的每一卷，直到这种方式成为一种习惯。

这种习惯会带来什么成就呢？**在这个过程中，暗藏着一个成功的秘诀。**当我重复这些语句时，它们会自动转换为我思想的一部分，更重要的一点是，它们会潜入我思想的另一面——**潜意识**。那神秘莫测、并未沉睡的潜意识，是创造梦想的源泉，会让我迸发出许多不可思议的思想火花。

当这些羊皮卷的文字被我的潜意识所利用时，每天早晨醒来我都会充满活力，这在以前是无法预料的。我精力倍增，热情高涨，对世界的热爱会驱散此刻内心的担忧恐惧，而且，以往我总感觉世间苍凉悲伤，现在我却更多地感到幸福满足。

最后，我会发现自己能够应对一切，正如羊皮卷所要求的那样。很快，这些行动和响应都变得很容易做到，因为每项附有方法的行动都简便易行。

这样一来，一种新的良好习惯就养成了。**因为不断重复，一件事情越来越能轻松完成时，就成了一种乐趣，让人从骨子里乐意去经常执行它。当我经常如此行动，就形成了一种习惯。我愿意接受它的支配，因为这是良好的习惯，也是我的意志。**

今天，我开始了新生活。我对自己郑重宣誓，没有什么可以阻止我的新生命成长。我会抓紧每一天去阅读，时间不会失而复得，寸金难买寸光阴。**我不可以，也不愿意半途而废**，实际上，这种阅读习惯也花不了我太多的时间，仅仅付出小小的代价，便能力拔千斤，换来幸福和成功。

按照羊皮卷的要求，反反复复地阅读这些文字，因其字字珠玑，所以我不会因书中字句简洁而轻视它们。成千上万的葡萄才能榨成一扎葡萄酒，葡萄皮和果肉可以拿去喂鸟。同样的道理，智慧的果实经年累积，就如同葡萄榨酒。大浪淘沙，往事如风，唯有纯粹的真理准则得到提炼升华，才能滴滴精华、字字珠玑。我会按照习惯的指示全部饮下，一滴也不浪费，成功的种子我也会如数吞下。

今天，那些陈年往事宛若尘土，**我将脱颖而出，改头换面，开始全新的生活。**

培训课 1：成功的良好习惯

那铭刻于潜意识的东西，终将变成现实。

史蒂芬·柯维（Stephen Covey）博士写过一本畅销书《高效能人士的七个习惯》（*The 7 Habits of Highly Effective People*），书中详细描述了高效能人士固有的七种个性特征。很多书籍都提出过相同的个性特征，如果你想成功，那就需要拥有它们。羊皮卷第一卷或许就是对此最清晰、最简约的阐释，它将告诉你如何培养成功所必需的良好习惯。

羊皮卷第一卷详述了如何才能运用间隔重复的方法去打造自己的行动力。下列法则皆出自第一卷，它们将帮助你理解如何运用这些法则来培养你所希望的成功习惯。

1 焕然一新

"今天，我将开始全新的生活。"

成功销售的第一步就是确定你要焕然一新。这是最重要的一步，也是最困难的一步。为了这个全新的开始，你必须明白你的某些固有习惯是不能够带领你通往成功之路的。

首先，你要认清楚那些旧习惯，承认它们有消极的作用。然后，你才能开始新的习惯。也只有这样，你才能够开始自我提升的进程，把自己锻造成理想中的新人。

2 选择机遇还是绝望

"我选择的职业充满机遇，但也满载心酸和绝望。"

不论生活中出现了什么情况，你应对的方法决定着最终的结果。如果你是一个有心人，就能够发现机遇，机遇存在于各种逆境中，乐观的态度会使你创造自己想要的结果。

3 人尽其能

"上天已经馈赠我才华、机智与本能，使我胜过森林中的任何一只猛兽。"

当我们觉得自己缺少某种才能、知识或能力，而别人却拥有的时候，我们就会感到自卑。

其实每个人都被赋予了足够的聪明才智和常识，可以取得一定的成就。教育就是让我们学会如何运用我们的才能，生活中的挑战为我们提供了实践和印证的机会。在应对挑战的时候，如果我们能够意识到，自己已经掌握了大部分技能，可以取得成功，那么我们就能够创造出更丰硕的成果。利用自己的天赋，建立足够的信心，就可以获得成功。

4 | 成功与失败的区别

"成功者与失败者之间的唯一区别就在于他们的习惯不同。"

成功与失败的关键区别在于，成功者的良好习惯令成功水到渠成，失败者则不然。

如果成功与失败的关键区别在于彼此的习惯问题，那就想方设法拥有成功者的习惯，并将培养习惯变成每日生活中的必修课，这无疑是个聪明的方法。

要想摒弃旧习惯，先来看一个简单的步骤，然后再开始培养新习惯。

5 | 弃旧迎新 VS 得过且过

"一物降一物，一个习惯代替另一个，这是上天赋予的法则之一。"

不要说"我要改掉开会迟到的毛病"，而要完全相信自己："我要改掉开会迟到的毛病，并且我要开始早点去开会。"不要说"为了推销，我要打更多的电话"，而一定要这样说，并且相信自己能做到："为了推销，我要打更多的电话，少看电视。"培养一个好习惯固然要花一些时间，但如果你运用了代替法，就会变得简便易行且效用持久。

6 | 间隔记忆法的威力

"第一步，起床后默读那些文字；第二步，午饭后默读；最后一步，入睡前再次阅读。不同的是，最后一次要大声朗读。"

当代有很多行之有效的记忆法，但最古老、最常用的是间隔记忆法，就像我们年幼时学习 ABC 和记歌词一样。

丹尼斯·威特利（Denis Waitley）博士在他的关于"伟大的种子（Seeds of Greatness）"讲座中，用"网状激活系统"理论解释过这一方法，我们的大脑会有意识地决定要记忆或遗忘的信息。通过间隔记忆法，我们能够强制网状激活系统，去有意识地认识和记忆我们选取的信息和思想，以助我们成功。

7 | 给你的硬盘编程

> "在这个过程中，暗藏着一个成功的秘诀。当我重复这些语句时，它们会自动转换为我思想的一部分，更重要的一点是，它们会潜入我思想的另一面——潜意识。"

电脑被设计出来用于模仿人脑，令人奇怪的是，很多人知道电脑如何运行，却不懂得人脑如何思考。电脑和人脑都有两套记忆特征：瞬时记忆和永久记忆。

电脑的瞬时记忆叫作 RAM（随机存取存储器），这种记忆可以将影像投在屏幕上被我们看到。永久记忆被称作硬盘，可以存储大量的信息。

短期记忆，或人脑的有意识部分，就好比 RAM，这里可以用来保留暂时的信息，比如我们订餐需要的电话号码。永久记忆，或潜意识部分，就好比电脑的硬盘，在这里存储的信息浩如烟海，并通过编程存入的方式来引导我们的生活。

为了培养成功的良好习惯，我们首先必须把这些习惯编程存入我们的潜意识中。我们的所见所闻和所经历的事情,通过我们的意识,直达我们的潜意识,影响我们的行动、信条,最终影响我们的命运。

8 | 培养新习惯的步骤

"……不断重复,一件事情越来越能轻松完成时,就成了一种乐趣,让人从骨子里乐意去经常执行它。当我经常如此行动,就形成了一种习惯,我愿意接受它的支配,因为这既是良好的习惯,也是我的意志。"

培养一个新习惯包括三个阶段。潜心于重复一件你乐于变成习惯的事,经常重复去做,直至这个习惯成为你天性的一部分。在第一阶段,你也许会经历不适感,因为这是心灵的练习,和其他任何形式的练习一样,可能像是一项艰苦的劳动,不要因此而气馁,相反,继续把它化为动力。继续重复行动,让不适感变成积极的暗示:你正在步入正轨。

之后,不适感就会消失,你会发现这个过程开始变得轻松简单。然后开始第二阶段。在此阶段,你也许会觉得大功告成,但是,你还没有胜券在握,如果不坚持重复这项行动,你也许就会重蹈覆辙。

只有当这种重复变成了乐趣,你才会意识到自己已经进入第三阶段,也就是最后阶段。在此阶段,你已经有些上瘾了,好像喜欢吃巧克力和美味零食一样。良好的习惯已开始影响你的潜意识,进而影响你的行动,并且,这种习惯已是自然而然的,也就是说,成了你生命中的一部分。

9 | 日复一日，坚持到底
"我不可以，也不愿意半途而废。"

  培养一种特殊的习惯需要日复一日的坚持，在此期间，你一定要给自己一个承诺，并锲而不舍，直到最后兑现。即使你一时松懈，没能坚持下去，也要重新开始，矢志不渝，直到完成。人对自己也要信守诺言，通过持之以恒地锻造自己，在拼搏中坚持到底，你就会养成诚信自律的习惯。

10 | 改头换面
"我将脱颖而出，改头换面，开始全新的生活。"

  在家人、朋友和同事们看来，你全新的生活习惯也许会有些奇怪，有些人甚至试图说服你放弃尝试重塑自我，因为他们认为那不是你。但你千万不要为之所动，习惯良好、令你钦佩的人会鼓励你去改变自我，并激励你坚持下去，不断提升自我，而那些平庸之辈则会觉得你意在标新立异，是在冒犯他们。所以，为了积极的改变，请与支持者为伍。

实战练习：培养良好习惯

The Greatest Sales Training In The World

通往成功最重要的一步是确定你的目标。目标因人而异，因此，你要对自己的成功有个清晰可见的蓝图，这样到达终点时你才会一目了然。羊皮卷第一卷将帮助你在九大领域确立自己的目标，其余九卷则会仔细阐释日常生活中的九大领域。

拿破仑·希尔（Napoleon Hill）曾说过，致富的方法可以被量化成具体的金钱数额，包含六个清晰实用的步骤。

步骤1：你心中首先要明确自己想赚多少钱。仅仅说"我想赚很多钱"还不够，还要有精确的数字。

步骤2：搞清楚为了赚到这些钱，你打算付出什么。

步骤3：确定具体的日期，到那时你要获得你想要的金额。

步骤 4：为实现你的理想，制订一个具体计划，而且要立即开始行动，不管是否准备好了，都要将这个计划付诸行动。

步骤 5：写下一份清清楚楚的备忘录，其中包括想要赚的钱的具体数目，获得这些钱的日期，说明为此你要付出什么，而且要清晰地描述你积累这些财富的计划。

步骤 6：每天读三遍你写下的这些文字：起床时读第一遍，午饭后第二遍，临睡前大声朗读第三遍。读的时候，要尽量在心里栩栩如生地想象你已经赚到了这些钱。

坚持 30 天的练习，或者直到你完全记下你的目标。这项练习是将羊皮卷第一卷中的原理加以实际运用，从而直接影响你的销售业绩和个人收入。

人物聚焦

莱斯·布朗
(Les Brown)

莱斯·布朗小传

1989年，莱斯·布朗获得美国名嘴协会最高奖——CPAE奖，该奖项象征着公众演讲的最高水平。另外，他被国际演讲协会评选为1992年度世界五大优秀演讲者之一，还获得过金槌奖（The Golden Gavel Award）。作为知名演讲家、作家和电视名人，莱斯·布朗传达了一种正能量的思想，这使他声名鹊起。他告诉人们如何摆脱平庸，活出人生的最佳状态。他的主张源于他真实的个人生活，并帮助他人运用到其

人生当中。

莱斯·布朗出生于美国佛罗里达州迈阿密附近的一个低收入城市——自由城，有一个双胞胎兄弟叫韦斯·布朗（Wes Brown）。在他们刚出生六周的时候，梅米·布朗太太（Mamie Brown）就收养了他们。布朗太太是个寡妇，没受过什么教育，几乎没有经济来源，但她心胸宽广。儿童时期，莱斯·布朗在学校活泼好动，对学习却心不在焉，他的老师们无法发掘他的潜力所在，错误地认为他在学习方面是个迟钝的孩子。老师们的这种看法就像标签和烙印一样一直贴在他身上，影响了他的自我认知，之后他花了很多年的时间才克服了这种心理障碍。

虽然莱斯的正规教育止于高中，但他创办并经营了一项开发人类潜能的工程。通过持之以恒的努力，他成为演讲方面出类拔萃的权威人士。他积极热情，善于挖掘潜藏在自己和他人内心的伟大之处，令其活出精彩。他从一名早间嘻哈DJ荣升电台经理，从社区活跃分子变身社会活动家，从政治评论员跻身立法委员，从夜总会的司仪，一跃成为首席主题发言人。1986年，莱斯成为全职的公众演讲者，并创办了自己的公司——莱斯·布朗有限公司。公司为客户提供励志录音带和其他资料，并针对个人、公司和各类机构提供专业的发展与提升规划方案。

1990年，在一个名为《你值得拥有》（*You Deserve*）的演讲系列节目中，莱斯首秀即斩获芝加哥地区艾美奖，在慈善募捐类节目中名列前茅，并获得了进军国家级电视台的资格。

莱斯现任莱斯·布朗有限公司的 CEO，被公认为世界五大优秀演讲者之一。著有《活出你的梦想》(*Live Your Dreams*)一书，广受赞誉。新近出版了《百尺竿头》(*It's Not Over Until You Win*)一书。莱斯曾任《莱斯·布朗秀》(*Les Brown Show*)的主持人，这档节目是全美联合脱口秀，注重解决问题而不是报道问题。在发现和激发人们的潜力方面，莱斯名不虚传，不愧为美国国内的领军人物之一。莱斯的表达能力卓尔不凡，视野宽阔，见解独到新颖。他利用自己的优势言传身教，激励他人，循循善诱，引导他的观众们取得人生新的成就。

与莱斯·布朗的一对一访谈

问：你是如何在销售行业开始工作的？

答：我从九岁起，挨家挨户推销电视，有新电视，也有二手电视。

问：多年来，你遇到的最大的挑战是什么？

答：我遇到的最大的挑战就是，一直要做自我推销——告诉我自己："我会实现我的梦想，我一定会得到我想要的一切。"

问：你的职业生涯中最杰出的成就是什么？

答：对我而言，最杰出的成就是，在我的内心深处，我发现所得并非所求，所得实为所是，我已接近本我。所有那些我准备要成就一番的事业，实际上在我内心深处已然如此。

问：谁是对你最有影响力的榜样或导师？

答：我的妈妈，她收养了七个孩子。还有我的高中老师勒罗·华盛顿（Leroy Washington）先生。那时候我被看作智力落后生，从五年级留级到四年级。有一段时间，甚至连我自己也认为我天生智商有缺陷。到了七年级的时候，我遇到了华盛顿先生，他给我的生活带来了巨大的影响，他教导我不要把他人的看法当成事实。

问：你运用过的最有效的销售技巧是什么？

答：对我来说最有效的销售技巧就是，和客户进行眼神交流时，要调整好心态，就当作已经成交。你的眼神要宛如救世主一样慈悲温柔，令人感受到奇异恩典，罪责赦免。

问：请举例说明你是如何在现实生活中运用这一技巧的？

答：无论你遇到什么困难，都要让自己的疑虑消失殆尽。你必须有绝对的信仰，无条件地相信自己。

问：你给那些有抱负的销售人员最有价值的建议是什么？

答：首先，努力学会自尊自爱。

问：是什么让你有了现在的人生观？

答：我内心的感受就是，肯定有比我所经历的更丰富的东西。

论奥格·曼狄诺的羊皮卷

教人们如何造就自己最佳的人生，就是我的事业。奥格·曼狄诺的《世界上最伟大的推销员》这本书一直鼓励着我。这本书详尽而准确地描述了活出梦想达到成功的过程。奥格·曼狄诺奇特的方法，指导我们在生活中如何运用这些法则。

九岁时，我开始挨家挨户推销。有一天，有个人送给我一本书——《世界上最伟大的推销员》，这本书给我带来了不可思议的巨大影响，远胜过其他书籍。我按照曼狄诺的教导，每日研读和实践，我的销售业绩好到爆棚，生活也随之日新月异。他简直是人类的福音，为所有有幸阅读这本书的人们带来了财富。上帝挑选奥格执笔，写下了这本伟大的书籍，使人们的命运得以改变。我们是幸运的，现在可以一睹奥格的风采。

第 2 章
用真诚的爱迎接每一天

爱是我的利器,可以打开人们的心扉;爱也是我的护身符,让我不惧仇视之箭和怒气之矛。

羊皮卷宝训 2：
爱

The Greatest Sales Training In The World

—— 我用真诚的爱迎接每一天。

这是人生经历中所获得的最珍贵的秘诀。爱力大无穷，可拔山扛鼎；大爱无形，却能开启人类的心灵。如果不掌握这种艺术，今天我仍旧是市场浪潮中的芸芸众生，徘徊踟蹰。**爱是利器，无坚不摧。**

对我合理的分析，他们也许会反驳；对我诚恳的话语，他们也许并不相信；我穿着得体，他们或许不以为然；我温柔和蔼，他们或许不为所动；对我特别的回馈，他们也会心生疑窦。尽管如此，我仍心怀善爱，精诚所至，金石为开。

我用真诚的爱迎接每一天。

如何看待世界？**心怀善爱看待一切，我将焕然一新。**我爱灿烂的阳光，它使我周身温暖；我也爱淅沥的小雨，它令我灵魂荡涤。我爱光明，为我引路；我也爱黑暗，繁星点点。我享受奖赏，它带给我收获；也不惧障碍，它供我挑战。

我用真诚的爱迎接每一天。

如何说话才能娓娓动听？**我会为我的对手喝彩，化干戈为玉帛**；我会鼓励我的朋友，亲如手足。赞美他人要不吝美言，不能搬弄是非，说长道短。如果控制不住，去贬损别人，我会咬紧牙关，三缄其口。如果赞美他人，我会不遗余力。

莺歌燕舞，风轻云淡，碧海蓝天，自然奇妙，无一不在奏响赞美造物主的乐章。为什么我就不能汇入交响曲中，对造物主其他的孩子们款语温言？所以，我会牢记这个秘诀，从而改变我的命运。

我将如何付诸行动？**我会爱每一个人，他们都有值得我钦佩的品质，即使有些被掩藏**；我会心怀善爱，藩篱尽拆，仇恨包裹的心扉也会被我打开，让我的爱进入他们的灵魂。

我爱抱负远大的人，因为他们能鼓舞我；我也爱失败的人，因为他们能给我前车之鉴。我爱王者，他们也不过是凡人；我也爱传教士，他们广传天道。有钱人也不免郁郁寡欢，我也会爱他们；芸芸众生穷人居多，我也会不吝施爱。我爱年轻人，他们意志坚强；我也爱老年人，他们充满智慧。容貌秀美的人，眼含忧愁，我见犹怜；相貌平平的人，内心平静，令我钦佩。

我用真诚的爱迎接每一天。

如何应对他人的行为呢？以爱回应。**爱是我的利器，可以打**

开人们的心扉；爱也是我的护身符，让我不惧仇视之箭和怒气之矛。逆境和挫折会打击我，碰上我的盾牌也会春风化雨。即便在商场中单打独斗，我的盾牌也会保护我、支持我。绝望中，爱给我安慰；得意时，爱让我冷静。爱的盾牌愈久弥坚，时刻保护着我，直到某一天，我将它轻轻放下，在芸芸众生中处之泰然，到那时，我的名字将镌刻在生命的金字塔塔尖上。

我用真诚的爱迎接每一天。

我将如何对待每一位萍水相逢的人？ 只有一种方式，即默默呼唤其名并告诉他："我对你满怀善爱。"此时无声胜有声，这样的心里话使我和颜悦色，笑意真诚，轻言细语。有谁感受不到我的爱，又有谁能够拒绝我的善意呢？

我用真诚的爱迎接每一天。

最重要的是，我要自爱。 因为自爱，我会明察秋毫，不让世俗侵染我的身心和灵魂。我绝不会放纵自己，沉迷于肉体的欲望，而是谦冲自牧，省身克己。绝不允许我的心被邪恶和绝望俘获，而是春华秋实，以知识和智慧来提升自我。绝不让自满和得意占据我的灵魂，而是反躬自省，虔诚祈祷。绝不让自己心胸狭窄，锱铢必较，而是开朗于世，海纳百川，给人温暖。

我用真诚的爱迎接每一天。

我爱每一个人。 从这一刻起，所有的怨恨都远离我的内心，因为我无暇仇恨，只有时间去爱。从这一刻起，我举步从容，立志变成人中豪杰。我心怀善爱,将成倍增加销售业绩,做一名成功的推销员。假如我没有其他的才能,也可唯爱是真。没有爱,即使身怀**绝技,我也是失败的**。我将怀着心底的爱迎接每一天,我一定会成功。

培训课 2：处世哲学

那铭刻于潜意识的东西，终将变成现实。

十卷羊皮卷告诉我们，爱是九卷成功准则之首。你的动机只有建立在爱的基础之上，其他准则才能够有效运用。你要热爱自己的职业，善待他人，珍爱自己。爱若孕育于平凡，则日新月异，不断生长。

与其他行业相比，销售更要以人为本。因此，有效的人际沟通技巧是销售人员所必备的。若想事业成功，人际沟通技巧须以爱为基础。

羊皮卷第二卷阐述了如何培养推销员的心态，才能使其口齿伶俐，慧心妙舌，直接兑现销售额。爱是人际关系愉悦的基础，而良好的关系是成功销售的开端。下面的几点将会帮助你分辨什么地方需要你施展关爱，提高销售利润。

1 爱是利器

"爱是利器，无坚不摧。"

矛盾发生的时候，解决矛盾才是正道。大多时候，我们都以为解决矛盾的方法就是打垮对手。这种消极行动就如同丢弃一件弄脏的衣服，其实只要洗干净就行了。同样，在遇到一个销售机会时，不是去摧毁对手，而是通过合作，实现双赢。

亚伯拉罕·林肯（Abraham Lincoln）的对手千方百计地想毁坏他的名声，摧毁他的公众形象，但他却以礼相待，以德报怨。有位顾问教导他以牙还牙，消灭对手，他回答说："化敌为友不就是消灭了对手？"

2 客户防御系统

"没人能抵御爱的力量。"

每位客户都对广告不胜其烦，一见到推销员，他们马上就会很警觉，唯恐避之不及而被掏空腰包。

如果客户试图找出理由，拼命避免购买行为，你应该清楚这是一种本能的反应，不要介意。一旦这样的客户了解到你的真诚和关注，他们的防御系统就开始瓦解了。

3 发掘潜在利润的艺术

"心怀善爱看待一切，我将焕然一新。"

世界成功学权威之一拿破仑·希尔说："有多少逆境，就有多少益处。"在仔细研究和他同时代的 500 位成功人士之后，希尔先生发现，他们的共同点就是拥有乐观的心态。以平常心对待一切，发现其中的益处，这是成功的推销员应具备的能力。

4 | 赞美胜过游说

"我会为我的对手喝彩，化干戈为玉帛。"

语言的力量非常强大，或娓娓动听，或出言不逊。无论什么时候，你赞美别人，大多数人都会觉得顺耳舒服，这样就更有可能与你合作。

5 | 接纳并珍视个性

"我会爱每一个人，他们都有值得我钦慕的品质，即便有些被掩藏。"

如果世界上每个人都一样，该多么乏味。大千世界的多样性是生活的调味品。正因为人们个性不同、经历不同，才使得生活多姿多彩。因此，我们必须认识到这个事实，每个人都有着独特的作用。

一旦我们注意到了他人性格中积极的一面，那他们消极的一面就会被我们忽略不计。我们应当形成一个习惯，去发现他人的独特之处，这样才会使我们培养出对众生更多的善爱。

培养海纳百川、有容乃大的心态，欣赏他人的丰富性情，你就能独具慧眼，找到你产品或服务的卖点。如果客户不接纳你的产品，是因为你的产品与市场上同类产品不一样，你可以强调正是自家产品的独特才值得购买。如果你重视自己的独特，他人也会如此。

6 | 爱是最好的护身符

"爱是利器，可以打开人们的心扉；爱也是我的护身符，让我不惧仇视之箭和怒气之矛。"

爱是利器，可以化敌为友，爱也是护身符，可以避免树敌。以爱护心，防止被仇恨和苦毒浸染。

我们也许不能控制其他人的行为，但我们可以控制自己。如果你用爱保护自己，不受消极行为的影响，那你的反应就会产生积极的结果。

7 | 待人处事

"我将如何对待每一位萍水相逢的人？"

结识新人，这是很多人的难题。电话里态度冰冷，是客户服务过程中最令人担忧的习惯。心怀善爱去熟悉每一位新认识的客户，会使你解除他们的防御心理，给对方留下好印象。

8 | 健康的自爱

"最重要的是，我要自爱。"

自我欣赏和骄纵自负是两个不同的概念。自负的人拒人于千里之外，即使当中有些人不那么傲慢，也不会吸引别人亲近于他。

推销是以人为本的商业活动，许多销售人员忽略了为自己培养一种健康的自爱。虽然提倡客户第一是可贵的观念，但并不等于自己就成了局外人。爱自己才能对他人真诚和善。

经营好自我，才有助于更好地为客户服务。"你"是你将拥有的唯一一件销售法宝。修身养性，保持乐观，振奋精神，自尊自爱，才会让别人也仰慕你。

9 识别和消灭怨恨

"从这一刻起，所有的怨恨都远离我的内心，因为我无暇仇恨，只有时间去爱。"

我们总有所怨恨。但是，当我们对别人心怀恨意，我们的心就会比被恨的人要承受更大的伤害。怨恨好比身心产生的垃圾，应当从我们的情感系统里清理掉。

10 爱 VS 知识和技能

"假如我没有其他技能，也可唯爱是真。没有爱，即使身怀绝技，我也是失败的。"

人们并不在意你的知识水平，但他们在意你的关爱有多少。即使你拥有丰富的销售知识和技巧，能和全世界的人都签下合同，什么都能卖出去，但你的成功是肤浅的，并不能圆满。如果你的知识和技巧很有限，你甚至卖不掉一针一线，但经过努力，最终你也会成功，成为很棒的推销员。

爱自己，爱他人，产品或服务优质贴心，这些是销售不可或缺的重要成分，如果再结合你的知识和技能，你的销售就将是成功的。

实战练习：培养爱心

The Greatest Sales Training In The World

用心做事，热情为他人服务，这是世界上最具说服力的销售技巧。作为销售人员，你会遇到各种各样的人，并不是所有人都讨人喜欢。不过，我可以先给你展示如何让你增强爱的力量，为你的事业打下牢固的基础。

这里有一个最重要的销售原则是：想要成为一名成功的销售人员，你必须先接受自己所销售的产品或服务。你热爱自己的工作吗？你是否为客户提供了有价值的产品或服务？

选择职业同选择伴侣一样重要。经常有人在缺少充分理由的情况下，就去从事某种职业或涉足某个交易。比如，机遇看似诱人，猛赚一笔的诱惑难以抗拒，这好比因错误的理由而去结婚。以貌取人或金钱交易的婚姻，因为缺乏爱的基础，关系无法长久。工作如同婚姻，应当建立在热爱的基础上，才能经受住岁月带来的各种考验。如果你现在很喜欢你的工作，那就没问题。不要轻易放弃现在的职位跳槽到另一个，要一直到你能够熟练地运用在目前的岗位上学到的技能的那一天，竭尽全力去改善你的人际关系。如果你运用了这些原则，你就能够起死回生，让那原本没有前途可言的差事，变成你心甘情愿为之付出努力的工作。

回答下列问题，能帮助你发现让你心甘情愿为之付出努力的工作。

你最喜欢什么类型的工作？

_____

他人评论你哪种类型的工作干得最好？

_____

如果确保能成功，那你喜欢做什么类型的工作？

_____

业余时间你喜欢做什么类型的工作？

_____

你发现你最经常谈论的是什么类型的工作？

你最钦佩的人做什么类型的工作？

_____

如果只有三年时间，那你喜欢做什么类型的工作？

_____

你最想铭刻在你的墓碑上的职业是什么？

_____

诚实地回答这些问题，可以帮助你找出你真正热爱的工作，你也许会发现某种类型的工作出现在答案里的频率很高，如果与你所从事的工作不一样，你也许要考虑换个职业了。但是在行动之前，可以先做一下下面的练习，看看你是否会将现有的职业换成你热爱的那个。

在接下来的 30 天里，如果这个练习你完成得很好，那你的爱心就会增长。在你遇见的每一个人身上，找出他身上一项积极的品质，诚心诚意地赞美对方。同时，克制住议论他人短处的欲望，即使那是显而易见的不足。把这个练习当作一个严肃的实验，你会发现它是卓有成效的，不仅会给你，也会给你遇到的人带来奇妙的影响。

无私的爱

为了一时之美，把鲜花采摘下来放入花瓶，只能任之凋谢。为了装点门面，捕鸟入笼，只能令它不再飞翔。自私的爱只为自己的满足，不考虑事物本身最美好的特质。无私的爱，物归原位，让鸟儿飞翔，让花儿生长，让美好的一切长存。同样，成功的推销员内心的爱一定是无私的。

对自家产品喜爱有加，对客户善待关怀，对自己的工作兢兢业业，这样的感情都是无私的。对客户的爱，和狮子追踪捕食猎物不同，这种爱是无私的，就如同母亲照顾孩子，满足他们的需求一样。热爱自家的产品，并不是要像强盗紧握枪支一样，而是要像医生手拿绷带，去为病人包扎伤口。销售所得的利润固然丰厚，获得这些利润的过程，如同溪边汲水，越用大力气急于求成，甘泉流走得越快。

如果你销售的产品并不能丰富这个世界，那就不卖；如果赖以糊口的项目不能造福人类，那就不要做；但如果你的产品或服务能让人生活得更好，哪怕能改善一点点，你都可以底气十足，广而告之，推销给全世界。积极热情地向人们介绍你手中的宝物，就当是医治百病的灵丹妙药。

人物聚焦

肯·布兰佳
(Ken Blanchard)

肯·布兰佳小传

肯·布兰佳的书深入人心，他与斯宾塞·约翰逊（Spencer Johnson）合著的畅销书《一分钟经理人》(*The One Minute Manager*)，在全世界销售了900多万册，至今仍位于畅销书榜中。《一分钟经理人》被译成25种语言文字，一直被公认为写得最成功的商业书籍之一。

此外，布兰佳博士还写过其他成功类书籍，其中五本收录于"一分钟经理人图书馆（The

one Minute Manager Library）"。又与诺曼·文森特·皮尔（Norman Vincent Peale）合著了《伦理管理的力量》(*The Power of Ethical Management*) 一书。1992 年，出版了《打一局漂亮的高尔夫球》(*Playing the Great Game of Golf*) 一书，接下来与谢尔顿·鲍尔斯（Sheldon Bowles）合著了《顾客也疯狂：客户服务的革命性方法》(*Raving Fans: A Revolutionary Approach to Customer Service*)。1994 年，他写作并出版了《唯爱是真》(*We Are the Beloved*) 一书，记述了自己的心路历程。1995 年，与迈阿密海豚队前教练唐·舒拉（Don Shula）合作并出版了畅销书《人人为师》(*Everyone's a Coach*)。1996 年，与阿兰·兰道夫（Alan Randolph）、约翰·卡洛斯（John Carlos）合著了《能力快速提升法》(*Empowerment Takes More Than a Minute*)；与迈克尔·奥康纳（Michael O'Connor）合作出版了《价值管理》(*Managing by Values*)；与泰利·瓦格霍恩（Terry Waghorn）合写了《谍中谍新篇：打造世界级公司机构》(*Mission Possible: Creating a World Class Organization*)。他的最新著作是与谢尔顿·鲍尔斯合著的《共好！》(*Gung Ho!*)，目前已攀升入畅销书榜。

肯·布兰佳有限公司是一家全球性培训和咨询公司，是布兰佳博士及其夫人马乔丽（Marjorie Blanchard）于 1979 年在圣地亚哥创建的，布兰佳博士是公司的灵魂，也是他的母校康奈尔大学的访问讲师、董事会名誉董事。

布兰佳博士因其对管理、领导和演讲领域的贡献，被授予众多荣誉和奖项。1991 年，被国家演讲协会授予最高荣誉奖。1992 年，布兰佳博士成为"人力资源开发名人堂"的成员，同年被国际演讲协会授予金槌奖。1996年，被美国培训发展协会授予人力资源发展杰出贡献奖。

与肯·布兰佳的一对一访谈

问：你是如何在销售行业开始工作的？

答：很早的时候我就打算进入销售行业了。高中时期，我参加了库德偏好测验，结果表明我将会成为优秀的销售人员，所以我觉得我要去一所常春藤盟校学习，取得不错的学习成绩。现在我已置身于最大也是最好的销售公司。

1960年，在大三学习期间，有关部门特为大学生举办顶级销售比赛活动，我成为参赛选手，来自全国各地的20名选手将被带往纽约角逐12强。我简直不敢相信，我被淘汰出局。我给负责人写信说，我的销售技能胜过他选中的任何一个人，他显然慧眼不识人才。认识他的人都说，他从未收到过这样的信件，也很难相信这封信竟然出自一位大学生之手。后来，我恋恋不舍地离开了销售行业，决定寻求其他出路。我赞同约翰·列侬（John Lennon）的话："人生就是这样，天不遂人愿。"时光荏苒，经历无数，我进入大学教书。奋斗十年，我荣登学术天梯，成为马萨诸塞大学的终身教授，专攻领导与组织行为学。1976年，我和夫人趁休假前往加利福尼亚州一年，再也没有回到学校的岗位。其间我遇到了一家名为青年总裁组织（Young Presidents Organization，YPO）的公司，他们觉得我们应该创建自己的公司，结果我们创建了肯·布兰佳有限公司。现在在美国国内，我们大约有240名员工，而在美国以外的地区，有30多个合作单位。我们是一家提供全面服务管理培训和咨询的公司。

问：多年来，你遇到的最大的挑战是什么？

答：每个人都会遇到相同的挑战——自我意识太强，这意味着将造物主排除在外。当这种心理出现时，凡事会以自我为中心，生活将被忧虑所主宰。担心被拒绝，害怕失去权力，害怕失去影响力，担心事情有变。当自我意识做主时，你会不停地问自己："什么对我最有利？"如果你克服了这种心态，你就会问："我怎样才能服务好客户？"每天，我的自我意识都会发作，驱赶我走上错误的方向，与自我意识搏斗是我每日的功课。

问：你的职业生涯中最杰出的成就是什么？

答：毫无疑问，对我自己而言，我写的《一分钟经理人》销量惊人，是我职业生涯中最大的成就。这本书占据《纽约时报》畅销书榜达三年之久。17年后的今天，它成功位列《华尔街日报》的商业类图书畅销榜，每个月仍能卖出10 000册。

问：谁是对你最有影响力的榜样或导师？

答：肯定是我的父母。我父亲是一位海军上将，也是一位优秀的公仆式领导人。他也曾有人生失意的时候，所以他立志帮助人们进步，活出最精彩的自己。我母亲就像一部道德随身听，她一直教育我，我从她那里学到的最好的功课就是："不要让其他人看起来比你强，也不要表现出高人一头，你们都是神的孩子。"

诺曼·文森特·皮尔对我也有很大的影响。我认识他的时候，他已经86岁高龄了。当时我与他合写了《伦理管理的力量》。我从未见过他这样的人，不论你是陌生人还是久别的朋友，只要他全神贯注在你的身上，你就是这个世界上最重要的人了。我从没发现过他目光涣散，在房间里寻找其他更重要的人，或者寻思打个电话什么的，只要你进入他的视野，你就是他关注的核心。他是一位出色的尊重他人的典范！

问：你运用过的最有效的销售技巧是什么？

答：让人们变成热心的客户，正如那本《顾客也疯狂》的书中所讲的。有的客户和你相处时会显得异常兴奋，他们喜欢炫耀和你打交道的经历。这些客户变成了你的销售大军。如果你的目的是造就热情的客户，那么你所有的重心就是尽你所能为他们的利益服务。

问：请举例说明你是如何在现实生活中运用这一技巧的？

答：每次和客户交谈时，我都会问自己："我怎样才能从这次互动中创造出一个传奇呢？我如何才能做得比客户预期的还要好？"创造传奇的动力，诞生了疯狂粉丝型客户。这意味着路途遥远，不辞辛劳，而不是和鸭子嘎嘎叫那样简单的嘴皮子功夫，耐心告诉他人你的意图和方案，以及你能带来的好处。如雄鹰冲天，底气十足地说道："没问题！"

问：你给那些有抱负的销售人员最有价值的建议是什么？

答：要记住，精神财富的收获比物质财富的意义重大得多。物质财富包括金钱、功名和权力，这些东西本身并不是坏事，关键是通过它们能分辨出人的品质良莠，我见过太多的销售人员追逐这些。

精神财富不但要有财富追求，还要慷慨大度，除了功名还要为人服务，除了权力地位还要懂得为人处世，心怀善爱。如果你专注于慷慨、善爱、服务他人，你就会发现自己能在销售行业做得风生水起。但如果你一心追逐物质财富，不明白精神财富的重要性，最后只能是耗尽生命，自忖失意，最终与目标失之交臂。

问：是什么让你有了现在的人生观？

答：我认为，岁月造就奇迹。今年我年满60岁，我庆祝了10个月。我总觉得前59年，我一直在做上帝交托给我的使命的准备，而在后35或40年，我将会正式执行这项使命。年纪越大，我越觉得，为让上帝喜悦，就把自己交托给上帝，包括自己的内心打算。现在我准备按照上帝的计划而活。

论奥格·曼狄诺的羊皮卷

读奥格·曼狄诺的书,目的在于要我们去服务和帮助他人。对于销售人员而言,这是多么不同寻常的心态。当一天结束时,不要问"我今天还能销售点其他什么",反而要问"我今天是不是帮到了某个人"。奥格·曼狄诺的《世界上最伟大的推销员》是一本奇妙的传道书。我们被派遣到地球,身负使命,不要忘记赋予你使命的上帝,他要我们去服务于人。

第 3 章
坚持到底，直到成功

　　人生的奖赏不在旅程起点，而是在终点。没有人告诉我，要达到目标究竟需要走多少步，也许走到第一千步时，还会遇到挫折，但是成功就藏在下一个路口的拐弯处，我不知道究竟有多远，直到我拐过那个弯才会知道。

羊皮卷宝训3:
持之以恒

> 我会坚持到底，直到成功。

在古老的东方，为在竞技场上争斗，小牛们会接受一项特殊的考验。每头小牛会被带入一个圆形场地，那里有一个手拿长矛骑着马的斗牛士，小牛可以攻击斗牛士。尽管被斗牛士的利刃刺中多次，但小牛依然会展现出攻击的意愿，而小牛攻击的次数代表了它的勇敢程度。从中我悟出，每天我都要经历生活的考验，一如小牛的特殊考验。我要坚持到底，如果我继续冲锋陷阵，我就会赢。

我会坚持到底，直到成功。

我不是为了失败才被送到这个世界，也不是我血管里面流动着失败。我不是让牧羊人任意驱赶的绵羊，我是狮子，昂首阔步，振振有词，不屑与绵羊为伍。我不要听别人的抱怨和哭泣，他们会传染给我，让他们加入绵羊的队伍吧。一败涂地任人宰割不是我的归宿。

我会坚持到底，直到成功。

人生的奖赏不在旅程起点，而是在终点。没有人告诉我，要达到目标究竟需要走多少步，**也许走到第一千步时，还会遇到挫折，但是成功就藏在下一个路口的拐弯处**，我不知道究竟有多远，直到我拐过那个弯才会知道。

我要继续前行，如果这一步没有效用，我就会再迈出一步又一步。实际上，一次一步并不难。

我会坚持到底，直到成功。

从此，我会把每一天的努力，当作一把刀去砍一棵粗大的橡树。第一刀下去，大树纹丝不动，第二、第三刀也不会动。**每次点滴的努力，都气力微小，毫无结果，但积少成多，最后橡树是会被砍倒的**。这就是我今天努力的结果。

滴水穿石，愚公移山。星辰能照亮地球的黑夜，人力能建造巨大的金字塔。我会用一砖一瓦建造我的城堡，因为我明白这种微小的努力，不断积累重复，必成大器。

我会坚持到底，直到成功。

我不会考虑失败这件事，我会从我的字典里删除失败以及类似的词汇，包括半途而废、做不到、不行、不可能、成问题、不现实、没用、没戏，还有后退。

这些字眼属于愚人。**我会尽量不让自己绝望，一旦这种心态出现并影响到我，那么我会在绝望中继续前行**，我会接受和经历这样的考验直到最后。我会藐视脚下的障碍，将目光集中在前方的目标上，因为我知道必将走出沙漠，迎来绿洲。

我会坚持到底，直到成功。

我会牢记平衡法则，让它为我造福。即使销售不成功，我也懂得下一次的努力会增加成功的可能性；别人每拒绝一次，就会离接受更进一步；每遇到一次皱眉，就会离微笑更近一点；每次遭遇不幸，都会埋下好运的种子。黑夜过去就是黎明，失败常有，成功只有一次。

我会坚持到底，直到成功。

我会尝试，尝试，再尝试。每一次挫折都是我成功路上的迂回与挑战，我会努力使自己成长，像水手一样，经受住每一次暴风雨的洗礼。

我会坚持到底，直到成功。

今后我会借鉴优秀同行的秘诀，引导我走向成功。每天工作即将结束时，不纠结这一天的成与败，我会继续努力尝试销售一单。如果我疲惫的身躯招呼我回家，我也会努力打消这个想法，我会再试一次。继续前行一步，看看是否能够迎接胜利。如果事不如意，我还会再试，不让这一天在失败中落下帷幕。这样，我才能够埋下明天成功的种子，比起那些按规定时间上下班的人，我就会先声夺人。当别人停止努力时，我的机会就到了，我的收获也会丰硕很多。

我会坚持到底，直到成功。

我不会让昨天的成功冲昏我今天的头脑，因为骄傲自负会导致失败。 我会忘记过去发生的所有事情，不管它是好还是坏，然后迎接新的一天，并坚信这一天将是我人生中最美好的一天。

只要我还在呼吸，我就会坚持，因为我知道了一条成功的准则：只要坚持到底，就会成功。

我会坚持到底。

我一定会成功。

培训课 3：持之以恒的毅力

那铭刻于潜意识的东西，终将变成现实。

很多人没有成功，是因为在还没有达到预期效果时就放弃了。每一点一滴的努力都是有成效的，只不过我们最初的努力很少能产生最终我们想看到的效果。

没有持之以恒的努力，就没有成功。人们不能坚持到底，原因众多。这一课将谈到这些原因，并设法避免。

羊皮卷第三卷向我们阐明了如何培养持之以恒的毅力，并说明了为什么这是销售人员必不可少的一项品质。惹人讨厌和招人喜欢有很大的区别，有时候你会觉得有必要两者兼有。下面的几点技巧会帮助你把持之以恒的毅力打造得无坚不摧，穿透拒绝的顽石，成功实现销售。

1 拒绝的利刃

"尽管被斗牛士的利刃刺中多次,但小牛依然会展现出攻击的意愿,而小牛攻击的次数代表了它的勇敢程度。"

在销售行业,被客户拒绝是很常见的事,可以说多如牛毛,屡见不鲜,这是我们这个行业的副产品。持之以恒、坚忍不拔,是我们唯一的盾牌,让我们从被拒绝的伤害中痊愈。只有时间去推销,没有时间浪费在舔舐自己的伤口上。

如果客户拒绝了你,不要觉得感情上受到了伤害,而要思考一下有没有新的途径。或者,委托其他人继续推销。就像那些小牛,养成一副厚厚的皮囊,以防被刺伤得太重,但是也要运用智慧去识别和进攻真正的目标,而不是被其他事情分心。

2 现实考验勇气

"从中我悟出,每天我都要经历生活的考验,一如小牛的特殊考验。"

一旦意识到危险来临,勇气必然鼓舞着你继续前行。每天都会遇到挑战,这些挑战正是对你勇气的考验。赢得挑战意味着要么你会取得成绩,要么会迎接更高难度的挑战。如果你失败了,只要反复吸取教训,就一定会成功。

要知道,你必须有勇气去面对和接受考验,最终你一定会通过考验的。逃避考验,只会远离成功的机遇。

3 做雄狮还是绵羊

"我不是让牧羊人任意驱赶的绵羊,我是狮子,昂首阔步,振振有词,不屑与绵羊为伍。"

绵羊是世界上最无助的动物,它们需要牧羊人的保护,给它们提供饮水和草料。狮子正好相反,一切都要靠自己,它们身强胆大,足以养活自己和家庭。

作为一名销售人员,你必须拥有极强的主动精神,拥有促成每件事的能力。不要像绵羊,凡事被动,等待别人催赶,而是做一头狮子,自强自立。

4 失败是客观的还是主观的

"也许走到第一千步时,还会遇到挫折,但是成功就藏在下一个路口的拐弯处。"

如果还没有放弃,失败就不能被称为失败。我经常想起发明家爱迪生为了发明电灯泡,试验了数千次。他从不认为前面的试验是失败的,他说:"失败一次,就前进一步。"

博恩·崔西(Brian Tracy)是世界上最棒的培训师之一。他指出,大多数销售都要经历五次尝试和努力才能达成,但多数人都在尝试第一次之后,就不愿再尝试第二次。结果,错失了很多成功的机会,而这些机会就是要经历多次拒绝后才会获得。令人遗憾的是,很多销售人员并没有准备好去迎接和经历失败。

寻求成功,会遭遇很多障碍,拦路虎就挡在你和你的目标之间。不要放弃目标和希望，在遇到困难时，可以考虑改变方法和途径。如果你能坚持下去，最终你会找到成功的方法。

5 | 撼动橡树的最后一击

"每次点滴的努力，都气力微小，毫无结果，但积少成多，最后橡树是会被砍倒的。"

砍倒橡树的不是最后一击，而是一种积累起来的努力。由于人类天生缺乏耐性，我们都不喜欢反反复复地做一件事，尽管这是走向成功必要的步骤。就像小孩子，如果不能马上得到，他们就会失去耐性。

短暂的努力不会产生长远的效果，只有长期坚持，才能产生永久的益处。

观察下手表的分针，移动得很快，而时针虽然也在移动，但它移动的速度让你几乎看不到它的移动。同样，我们耕耘就有收获，即使不是立竿见影的。

6 | 愚人字典

"我不会考虑失败这件事，我会从我的字典里删除失败以及类似的词汇，包括半途而废、做不到、不行、不可能、成问题、不现实、没用、没戏，还有后退。"

你所说的每一句话都会产生深刻的效果，对他人如此，对你也一样，这会渗透到你的灵魂深处。

改变你对自己的看法最快捷的办法就是改变你所说的话。话语如器皿，能承载思想，人的思想和话语互相影响，关系紧密。如果你改变了你的话语，你的思想也会改变。

7 | 走出绝望

"我会尽量不让自己绝望，一旦这种心态出现并影响到我，那么我会在绝望中继续前行。"

不论你多么努力，绝望的心理偶尔也会影响到你，这种心态很像流感，迅速蔓延，令人无能为力。但是，如果你采取了强大的防御措施，绝望也不能把你怎么样。

这是一种心理问题，所以你要培养积极的生活态度，让自己充满斗志，绝望也无法生存。

8 | 平衡法则

"我会牢记平衡法则，让它为我造福。"

简单地说，平衡法则是努力销售的一种自然结果，你的努力或多或少都会产生一定的效果。为了让这种平衡法则为你所用，造福于你，首先你必须算好你当前的成交率。比如，你的成交率是 1/5，也就是 20% 的比率，等于每 100 单，你都会成交差不多 20 单。

有一点很重要，即使你每次努力都失败了，这个平衡法则也会成立。弗兰克·贝特格（Frank Bettger）写过《我是这样从销售失败走向销售成功的》(How I Raised Myself from Failure to Success in Selling) 一书，在书中，他说自己每次成功销售后，都会折算成钱。1849 次电话产生了 828 次面谈，其中促成了 65 笔交易，给他带来了 4251.82 美元的纯收入。所以，每次他打电话等于挣到了 2.3 美元，尽管不是每次都有良好的回馈。

9 成功销售的秘诀

"今后我会借鉴优秀同行的秘诀，引导我走向成功。"

优秀的推销员与普通的推销员之间的主要区别在于，优秀的推销员失败后会再次尝试。

优秀的推销员不会因为客户一开始就对他说"不"而放弃，他会继续尝试。如果没有成交，他会转移到下一位客户那里，第二天再次尝试这位拒绝的客户。

10 成功的阴暗面

"我不会让昨天的成功冲昏我今天的头脑，因为骄傲自负会导致失败。"

再神速的进步也经不起我们贪图昨日成功的骄傲。如果你不继续努力，你就会被落在后面，因为你周围的一切都不是静止的。昨天很快就成为过眼云烟，没有必要将时间浪费于此。只有朝着新的目标不懈奋斗，才能让我们保持活力。

取得显著的成就后，我们会产生一种成功后的空虚感。此时，如果不树立新的目标，人就会产生自满，沉迷于已经取得的成就。的确，成功者从不会停下成长的脚步，因为他们的梦想催促他们百尺竿头，更进一步。树立新目标，扩大自己的梦想，这样才会避免落入自满的陷阱。

实战练习：
培养持之以恒的毅力

现在，让我们来看一个在实际生活中能帮助你培养毅力的练习，并以此来再次证明我先前的观点——如果我们相信自己能赢，我们就会乐意去坚持。

试想，放弃尝试的唯一原因就是为了避免失败。如果你踏上一条路，这条路的尽头肯定是梦想的实现，那么你还会中途放弃吗？或者，你半途而废，只是因为一个莫名的原因？不要放弃，一刻也不要！除非你认为你的确无法到达目的地。

人们的心灵能够感知未来，还未启程，结果乍现。雕塑家看到一块顽石，就能想象出一件雕塑作品。经过时间的历练，自会产生结果。同样，一位推销员虽然饱受煎熬，也能预见成功。

我将会与你分享十种不同的交易技巧。也许你已拥有了不少销售技巧，但至少要记住六种，这样你就能做出五种尝试。当你尝试了这些技巧，却仍然没有结果时，不要气馁。你要记住，你要重视的是顾客的反馈，而不是结果。如果对方的反馈不是你想要的，就去尝试另一种技巧，你可能会得到完全不同的反馈。在这个过程中，你会不断增强信心，获取更大的主动权，从而学会控制失败，并学有所获。

以下是十种销售技巧：

1. 假设成交法：提及你的产品时，要假设顾客已经购买并拥有了它；
2. 选择法：至少给顾客两种产品来选择；
3. 提问法：向顾客提出一连串顾客会点头称是的问题；
4. 针对法：如果你能解决他们的反对意见，就要求对方做出承诺；
5. 直接发问法：让顾客购买你的产品；
6. 权威榜样法：告诉顾客他们尊敬的某位大人物也购买了此产品；
7. 测试法：问顾客一系列问题，依此判定他们的兴趣度；
8. 价格法：向顾客展示符合他们预期的价格；
9. 欲擒故纵法：暗示顾客过了此村无此店；
10. 本·富兰克林法：向顾客列举购买产品的利弊。

THE GREATEST SALES TRAINING IN THE WORLD | 跟大师学销售智慧

人物聚焦

乔·吉拉德
(Joe Girard)

乔·吉拉德小传

在成功之前,乔·吉拉德曾经历过一段艰难时期。一天晚上,乔·吉拉德为了防止车子被别人收回抵债,就悄悄地把自己的车停到离自家小区两个街区远的地方,然后绕道回家。回到家后,妻子向他要钱买面包,好喂饱孩子们,可是他已身无分文。这个时刻,他的人生跌入了一个谷底。任何其他问题都不再重要,他所思所想的是,唯有找到一条踏实挣钱的路,才能养活家人。这是他的人生转折点,从此他一

第 3 章
坚持到底，直到成功

步步地成为世界上最伟大的推销员。

吉拉德认为，聪明工作和持之以恒能创造奇迹。他做过擦鞋童，九岁时为底特律自由新闻报社（Detroit Free Press）卖过报纸，在餐馆洗过盘子，还做过送货工、炉具装配工、房屋建筑承包商，最后才开始了新的职业，成为一名推销员，在密歇根州底特律东区的雪佛兰汽车经销店工作。

在职业生涯中，吉拉德共销售出了 13 001 辆汽车，包括 1973 年销售的 1425 辆小轿车，这一销售纪录连续保持了 12 年。作为"世界上最伟大的推销员"，吉拉德被收入《吉尼斯世界纪录大全》。同时，他还保持着日均六辆车的销售纪录。

作为一名世界著名的演讲家，乔·吉拉德经常出现在各种社会团体、组织、机构以及销售会议上，是全球最受欢迎的演讲大师之一。乔·吉拉德的客户众多，其中包括通用汽车（General Motors）、通用电气（General Electric）、3M、IBM、惠普（Hewlett-Packard）、福特汽车（Ford Motors）、西尔斯（Sears）、哥伦比亚广播公司(CBS)、卡夫（Kraft）、邓白氏（Dun & Bradstreet）、约翰·迪尔（John Deere）、芝加哥联邦储备银行（Federal Reserve Bank of Chicago）、玫琳凯（Mary Kay Cosmetics）、戴姆勒-克莱斯勒（Daimler Chrysler）、西瑞游艇（Sea Ray Boats）等知名企业，以及其他全世界数以百计的广告与销售俱乐部。

不难理解，吉拉德的第一本畅销书《把任何东西卖给任何人》（How To Sell Anything To Anybody），能够让世界上成千上万的推销员受益匪浅。在这本书以及后来所著的《怎样销售你自己》(*How To Sell Yourself*)、《怎样成交每一单》(*How To Close Every Sale*)、《怎样迈向巅峰》(*Mastering Your Way To The Top*)等书籍中，他都揭示了成功的秘诀："人们买的不是我的产品，而是我，乔·吉拉德。"

吉拉德先生获奖无数，成就斐然，自1966年以来一直蝉联汽车销售冠军的头衔，是唯一一位以销售员的身份荣登"汽车名人堂"(Automotive Hall of Fame)的人，并被美国成就学会(America Academy of Achievement)授予"金盘奖"(the Golden Plate Award)。他还曾被已故的《积极思考》(*The Power of Positive Thinking*)的作者诺曼·文森特·皮尔博士和洛厄尔·托马斯(Lowell Thomas)博士提名"霍雷肖·阿尔杰奖"(Horatio Alger Award)。

与乔·吉拉德的一对一访谈

问：你是如何在销售行业开始工作的？

答：我在建筑业的生意失败了，回家那天家里一点吃的都没有了。于是我开始销售汽车，这样我就可以从食品店给家人带回一袋子食物。

问：多年来，你遇到的最大挑战是什么？

答：证明给我爸爸看，我不是一事无成的废物。

问：你的职业生涯中最杰出的成就是什么？

答：拿到销售第一名的奖励，成为世界销售冠军，被列入《吉尼斯世界纪录大全》。

问: **谁是对你最有影响力的榜样或导师?**

答:我的妈妈和诺曼·文森特·皮尔博士。皮尔博士写过一本名为《积极思考的力量》的书。他们是对我影响最大的人。

问: **你运用过的最有效的销售技巧是什么?**

答:服务,服务,还是服务。

问: **请举例说明你是如何在现实生活中运用这一技巧的?**

答:真诚爱人,为每个人多走上一英里。

问: **你给那些有抱负的销售人员最有价值的建议是什么?**

答:专注于己任,问心无愧。

问: **是什么让你有了现在的人生观?**

答:我的母亲经常对我说我一定能有所作为,这些改变了我的生活。

论奥格·曼狄诺的羊皮卷

如果不经常运用这些原则,没有人可以保证常胜不败,我自己也是常年使用这些原则的。也正是这些原则,让我一直处于不败之地,而让其他人望尘莫及。

第 4 章
我是天之骄子

　　我要不断了解人们，了解自己，了解我的产品，这样才能让我的销售翻番。我要不断练习、改善和润色我的语言，这样才可以打造坚实的职业生涯，获取财富与成功。

羊皮卷宝训 4：自尊

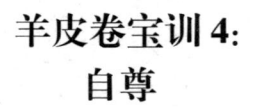

我是天之骄子。

自创世之初，就没有谁与我的灵魂、我的心、我的眼眸、我的聪耳、我的双手、我的秀发，以及我的口唇完全一样。可以说，无论过去、现在和将来，我都是唯一的，也不会有人如我一般行走、交流和思索。所谓四海之内皆兄弟，但我仍与众不同，只因我独一无二。

我是天之骄子。

虽然人也是动物一族，但是人类不会如动物一般满足。在我心中燃烧着一团奋斗的火焰，这火焰代代相传，不断激励我奋发向上，超越自己。如今我要让这火焰继续发扬光大，并向世界宣布我的独一无二和出类拔萃。

正如没有谁能复制我的奋笔疾书、心灵手巧、娟秀字迹，或代替我养育后代，我的销售能力也无人能敌。**从今天开始，我要充分利用我的天赋，不断提升，直至完美。**

我是天之骄子。

我好比世间珍奇，必有所值。**在时间长河里，物种不断进化，我受益于此，拥有无限潜能。尽管我用之甚少，我的头脑和体魄却可以赛过历代帝王和智者。**

然而，如果我不利用自己的头脑和心灵，我的躯壳只会变得腐朽，逐渐衰亡。记住，**我拥有无限潜能，却用之甚少，连同我强健的肌肉，也没有得到充分伸展。**从现在开始，我完全可以让昨天的业绩翻一番。昨天的成就，我不会沉迷，不会只听别人的夸赞，这些太渺小，我乐于使用我与生俱来的能力去成就更多。

我何不把今天的成就发扬光大呢？

我是天之骄子。

我诞生在这个星球，并非意外和偶然，我身负使命要成就大业，而不是做个凡夫俗子。因此我要变得出类拔萃，我要竭尽全力直到生命终结。

我要不断了解人们，了解自己，了解我的产品，这样才能让我的销售翻番。我要不断练习、改善和润色我的语言，这样才可以打造坚实的职业生涯，获取财富与成功。这样的例子很多，都是基于此，我会谨记于心。我也要不断寻求方法，让自己更加优雅从容，令人备感亲切。

我是天之骄子。

我会集中精力，应对严峻的挑战，而大胆行动会帮助我忘却一切烦忧。人在商场，要忌讳家庭琐事缠绕心头，这样才可专心致志；一旦转归回家，则投入全部身心，如此才可加深我对家人的热爱。

尽管身处商场，我无暇顾及家人，但我也不会把工作带回家。我必须将它们分离，否则我的事业就会出现混乱。此虽矛盾，却是千古教训。

我是天之骄子。

上天给我双眼，也给我心灵和头脑，让我思索，**让我知晓人生的真谛，使我明白，一切的障碍、气馁、心碎，实际都是机遇的伪装。**我要睁大双眼，看破伪装，发现机遇，才不会被苦难吓倒。

我是天之骄子。

世上万物都不能与我相比，猛兽之威、狂风之舞、暗礁之险、五湖之广，都无法与我相比，因为**我孕育于爱，生来被赋予特殊的使命**。曾经我不明白这一点，而现在我被这个事实激励，用来打造我的人生，指导我的道路。

我是天之骄子。

道之自然，从不言败，我亦如此，并且，我每次的成功，都将是下一次奋斗的助力。

我会得胜，我会变成一位伟大的推销员，因我独一无二。

我是天之骄子。

培训课 4：自尊

那铭刻于潜意识的东西，终将变成现实。

我们的成败并非取决于我们的本我，而是我们思想中的那个真我，"所思即所是"。相由心生，我们展露于外的自我、气质与个性，决定着外界如何回应我们。

仅仅分析我们的长处与短处，并不能精确地描绘出我们的本我。在《世界上最伟大的推销员》一书中，奥格·曼狄诺阐释了一个真理：你并非凡夫俗子，你要超越你自己。

你潜力无限，只是尚未开发利用，对此，羊皮卷第四卷将描述得更为清晰，让你发现自己源源不断的潜能，迅速树立你的自尊，增强你发挥潜能的力量。一旦你知道凭借自己的潜能可以成就的未来，你再也不会安于现状了。

1 你独一无二，不可复制

"无论过去、现在和将来，我都是唯一的，也不会有人如我一般行走、交流和思索。"

你的独特个性是一笔价值连城的财富。如果你觉察不到，就相当于错失了一件独一无二、难以估价的艺术奇珍；如果认识不到你的个性价值，你就会廉价出卖自己。一旦你认识并珍重自己，其他人也同样会高看你。

2 开发利用你的独特性

"从今天开始，我要充分利用我的天赋，不断提升，直至完美。"

我们努力奋斗，却想成为其他人，随波逐流，被大众接受认可。然而，当我们意识到这一点时，就意味着我们还没有接受我们的本来面目。

要为自己的独特个性喝彩，因这会使你与众不同。审视你的产品或服务，发现它们的特色，这是你的卖点。商品独特，才是客户购买的充分理由。你的产品是新颖还是传统，大型还是小巧，价格低廉还是高昂？无论哪一方面独特，你都拥有了世界上独一无二的东西，如果你能充分发挥这一点，那你将被大大奖赏。

3 你的进化成长水平

"在时间长河里，物种不断进化，我受益于此，拥有无限潜能。尽管我用之甚少，我的头脑和体魄却可以赛过历代帝王和智者。"

今天的年轻人比我们的祖辈接触的信息资料要多得多，我们的时代，科技发达，令我们受益匪浅，但也使人们容易麻木不仁，满足现状，缺少奋斗精神。

在有生之年，你有责任发扬人类进化成长的优良传统，不断进步，后代才能从此受益无穷。

4 | 你的潜能需要不断升级

"我拥有无限潜能，却用之甚少，连同我强健的肌肉，也没有得到充分伸展。"

科学家发现，普通人一生中的用脑量不到脑容量的10%。你的挑战就是探索开发解锁这些无限的潜在力量的新途径，创造奇迹，增强你的自尊。当你全神贯注冲刺无限潜能的极限时，你会发现你拥有的能力超乎想象。

此刻，你体内蕴藏着无限潜能，可以解决你遇到的任何问题。你可以找些问题，来测试这些潜能，这样，你就可以大大提升自己的能力。

5 | 充分了解产品知识

"我要不断了解人们，了解自己，了解我的产品，这样才能让我的销售翻番。"

积累足够的产品知识，是培养销售工作技能最重要的一步。了解你的产品或服务，能够使你更有信心地开展销售工作。你的细心和能力可以有效回应客户的问题，帮助他们信任你，依赖你的建议，把你当成销售领域里的专家。一旦建立了某种标准，他们会更容易接受你的评价和建议。

了解人性，懂得每个人的特殊需要，可以帮助你长期地与客户打交道，这与了解产品的知识同等重要。但是，你也需要注意发现和欣赏他们的个性，凡事因人而异。

6 掌握技能

"我要不断练习、改善和润色我的语言，这样才可以打造坚实的职业生涯，获取财富与成功。"

没有大量的练习，就无法完全掌握一项技能。即使是天才，也要训练，才能成为本领域的专家。语言之于销售人员，犹如乐器之于音乐家，都需要反复练习，直到熟练无比，才会美妙动听，不然有如聒噪。

掌握销售课程，必须学会销售的语言技能。销售过程不只是向客户介绍你的产品或服务本身，所有的销售大师都认为，推销并非纯粹地卖东西。用于销售的语言，需精心设计，堪比法庭上律师询问证人一样严密精确。问之前就应当知道答案，并且能够预料到客户的回答。唯一的方法，就是反反复复练习你的销售语言技能。

7 平衡工作与生活的矛盾

"尽管身处商场，我无暇顾及家人，但我也不会把工作带回家。我必须将它们分离，否则我的事业就会出现混乱。"

虽然工作家庭同等重要，但如果它们互相牵绊，就会引起危机，届时你必须在二者之间选择其一。

二者在你的生活中举足轻重，往往会让你欲重视其一而头疼。平衡两者的关键在于，均给予足够的关注和时间。

8 | 机会蕴藏于逆境

"让我知晓人生的真谛，使我明白，一切的障碍、气馁、心碎，实际上都是机遇的伪装。"

我们都会有一种思想，回避逆境，顺利过关。但实际上逆境有如助长剂，也许它并不吸引人，但可以使我们的能力得以加强。

拿破仑·希尔说："逆境中隐藏着同等利益的种子。"关键在于如何看待逆境。逆境可以让你找到蕴藏其中的益处。

9 | 爱的结晶

"我孕育于爱，生来被赋予特殊的使命。"

在《世界上最伟大的推销员》一书中，奥格·曼狄诺说："在至高无上的爱情时刻，你的父亲会产生大约四亿多爱的种子进入母亲的体内，可以说转瞬即逝，唯一一个存活下来的就是你！"

毫无疑问，生命的诞生，是人类所知最为奇妙的事情。更令人惊讶的是，生命是男人和女人爱情的结晶，这是奇迹。抛开你出生的环境背景不说，单就你能存活于世，就证明你的生命是奇迹带来的结果。

如果说你的存在就是奇迹的结果，那么你自己同样也是奇迹。只要一想到你如何来到这个世界，就足以激励你去挖掘你的潜能。

10 天无绝人之路

"道之自然,从不言败,我亦如此。"

你是奇迹中的一分子,天命难违,蕴藏在你生命中的力量同样不会因环境等因素而打折扣。宇宙中的一切都显示出上天的力量,身在其中的你,也应展示出这种力量。

天灾人祸让地球满目疮痍,但大自然母亲用四季去抚平累累伤痕;成功的路上,挫折和失败不断,但你要确信胜利一定会到来。

实战练习：培养自尊

自尊偏低的首要原因就是，我们喜欢历数我们并不拥有的东西，来评估自己的价值。我们过于频繁地拿自己的短处与他人的长处做比较，总是觉得自己不够有钱，不够健康，不够聪明。

如果你总这样思考问题，只会放大自己的不足，最终会降低你的自尊。相反，如果我们眼观自己目前所拥有的，不仅仅是物质财富，还有我们生活中的方方面面，就会发现我们还是富有的。

花点时间盘点一下你所拥有的财富吧：

1. 列举十项你为之自豪的成就；
2. 列举五种积极而美好的性格特征；
3. 列举三个去年你树立并达到的目标；
4. 说出七位你最看重的熟人的名字；
5. 列举两项你吸取过的最重要的教训；

6. 说出去年你最有价值的想法；

7. 说出你经历过的一次重大劫难或挫折；

8. 说出你为自己的团体所做的最重要的贡献；

9. 在过去的一年里，你在哪三个领域取得了最大的进步；

10. 如果你将在今天死去，你对人类做出的最大奉献是什么。

当自尊处于低谷时，你就可以回首上述所列的问题以提升自尊，更新这些问题也会使你的自尊成长。一个月一次，花些时间整理下，查看自己前几个月的进步，并为以后的几个月做准备。长此以往，就会促使你积极行动，以增添美好的记录。

要想在销售活动里建立信心和自尊，你必须在你的领域里成为专家。下面是详细步骤：

1. 了解并记住你的产品或服务的三个重要特征；

2. 了解并记住你的产品或服务的三大好处；

3. 了解并记住人们拒绝你的产品或服务的三大理由；

4. 牢记如何对那些拒绝予以回应；

5. 牢记你的产品或服务的三个独特优势；

6. 列个表格，记录下人们经常询问的十个问题和相应的回答；

7. 收集行业内的权威人士名言录；

8. 加入实业贸易协会，订阅一种贸易刊物；

9. 读一些本专业的前沿书籍；

10. 参加与你的行业有关的学术讨论会、报告会。

人物聚焦

马克·维克托·汉森
（Mark Victor Hansen）

马克·维克托·汉森小传

马克·维克托·汉森的新项目在三年内创下了 20 亿美元的销售纪录。1974 年，阿拉伯突然实施石油禁运，造成他急需的一种产品短缺，几乎无法供应市场。两周后，他的事业难以为继，公司破产。他失去了自己的汽车、部分时装，靠借钱才能填饱肚子。在长达六个月的时间里，他一直住在朋友家的过道里。有一天，他听到了卡弗特·罗伯特（Cavett

Robert）的一卷录音带。卡弗特·罗伯特是一位激励人心的演说家。汉森听了280多遍，并由此受到了极大的鼓舞，从绝望的半空中跃起，追随卡弗特进入演讲事业，造就了一个励志事迹。许多人走过一生，却没有听从过内心的召唤。能找到生命中绝对热爱的工作的人，为数不多。马克·维克托·汉森是其中一位。在20多年的时间里，他致力于研究人类行为，集中研究那些可以有效影响个人生活和事业的重要因素。

马克·维克托·汉森是一位广受欢迎的主题演讲家。他是北美很多优秀集团公司和行业协会的学术会议中的领军人物之一，也是众所周知的励志大师。在他20多年的职业生涯中，超过百万人聆听了他的演讲，听众遍布美国和加拿大地区的每个大城市，而且在世界其他国家和地区也有很多听众。每年有150多个听众被他激励鼓舞，取得了生活和事业的成就。他的演讲活力十足，幽默诙谐，充满智慧，思想发人深省。

与众不同的是，在企业销售培训中，他授权学习的课程资料被当成一项重要内容。除了录制学习资料，马克还是一位高产作家，著有多部畅销书。1993年，他出版了《心灵鸡汤：敞开心扉、重燃激情的101个故事》（Chicken Soup for the Soul，101 Stories to Open the Heart and Rekindle the Spirit），销售了600多万册，至今在美国畅销不衰。书中涵盖大众性主题，从爱情到积极的人生态度，从幽默到为人处世，这些故事感动了各行各业的人们。《心灵鸡汤》被美国国内多家书店授予"1994年度好书"的称号。续集《第二份鸡汤》（A Second Helping of Chicken Soup）也是一举成功，步入畅销书榜，自 1995 年以来，售出 200 多万册。其他书籍还有《阿拉丁因素》(*The Aladdin Factor*)、《激励大师》(*The Master Motivator*)、《心灵鸡汤烹调手册》(*Chicken Soup for the Soul Cookbook*)。1994 年，马克成为国家演讲者协会成员，并获得了 C.S.P. 大奖（Certified Speaking Professional），而这个奖项只有不到 7% 的成员能够获得。

与马克·维克托·汉森的一对一访谈

问：你是如何在销售行业开始工作的？

答：从九岁开始，我就一直干销售。小时候我在欧洲居住，当时看到那些低把的自行车赛车，就跟我爸爸要。我爸说："要么等到你 21 岁才可以买，要么你自己现在挣钱买一辆。"我发现了一个通过托管卖问候卡的生意，我查了字典，发现托管的意思是，他们给你卡片，你卖掉后寄给他们钱。我当时很兴奋："哈哈我能做这个买卖。"于是我就开始行动。我挨家挨户推销，没有人拒绝我。我们本来打算就在邻里之间卖卖，但我非常热衷于此，跑遍了周边所有的地方。人们把我请进家中，聆听我的故事，他们把我当作一家企业的小伙计，纷纷购买我的卡片。最终，我在九岁时就获得了问候卡销售第一名的头衔，当时我觉得这是一件很酷的事，但不知道这就是我一生要做的事情。从那个微小的营生开始至今，我已经卖掉 5000 多万册鸡汤系列书籍了，所以我觉得我们干得非常漂亮。

问：多年来，你遇到的最大挑战是什么？

答：我觉得我遇到的最大挑战就是，我比这个星球上的其他人的机会都要多很多，所以，我不得不对那些我心里想接受的东西说不。因我沉醉于自己的事情，那些我喜欢并信服的东西，我没有时间去做。比如，我们手头有74个心灵鸡汤的新主题，同时，我还要回去录制资料，我告诉你即将出版的图书的三个主题吧：如何深入思考？如何提升自我价值？让你挣到100万的12个方法。

问：你的职业生涯中最杰出的成就是什么？

答：就是和你交谈啊！大家都觉得我很有趣，都想采访我，跟我交谈，这超乎我的想象。我觉得每次采访都是一件珍贵的事情，此时此刻，我正做着一件精彩绝伦的事情。

问：谁是对你最有影响力的榜样或导师？

答：我在读博士学位的时候，遇到了R.巴克敏斯特·富勒（R.Buckminster Fuller）博士，他就是其中一个。对我而言，他简直是大能之人。在作家中，我认为奥格·曼狄诺是我的榜样。我的创作伙伴杰克·坎菲尔德（Jack Canfield）也是一位良师，还是我的益友。在演讲家中，我认为卡弗特·罗伯特是我的榜样。卡弗特是全美演讲协会的创办者，他教导过很多像金克拉和我这样的人，教我们如何利用这个平台展示和推销自己，他创办的事业在30年前还闻所未闻，而今已有百余家公司，年盈利达到100亿美元。

问：你运用过的最有效的销售技巧是什么？

答：问问题才可以成交。我们写过一本名为《阿拉丁因素》的书，这本书给我们提供了很多问问题的方法。南丁格尔·柯南（Nightingale Conant）刚跟我们签订了一份合同，要把这本书灌制六卷录音带，他们认为这本书太棒了。但事实上，却有人教我们不要问问题，比如，在我们还是孩子的时候，大人们就教我们不要跟陌生人讲话。可是，如果你做销售，那你遇到的每个人都是陌生人。鼓舞你的就是一个字：问！你必须去问，大多数人问一个问题就停止了，但你必须持续地发问，要学会问得好、问得妙。

问：请举例说明你是如何在现实生活中运用这一技巧的？

答：25年前，我刚开始从事演讲事业的时候，身无分文，只有一辆破车、一套破旧的西装，裤子口袋里都是破洞，但我要让客户为我买单。当时常常要去一家小保险公司，我会问："先生，你是不是想让你的推销员们卖掉更多的东西？"他们的回答当然是肯定的，我就回应说："那么我们就有四个方面的问题需要解决：寻找客户、销售演示、游说成交、良好的工作习惯，你觉得你的员工最需要哪一方面的帮助？"

我会安排会谈，然后对他们说："顺便说下，你们给一个学术性报告的投资是25美元。"从那时开始，局面越来越好，现在我的收费是一小时两万美元。

问：你给那些有抱负的销售人员最有价值的建议是什么？

答：最重要的是，你首先要做一名聆听者和学习者，然后才是一名教导者。如果一个优秀的推销员正在销售你想要卖的东西，那你就做一个乖巧的学生，帮他们干点什么，提箱子或者其他什么，主要是观察和学习他们的工作风格和生活方式。老老实实做个学徒，尽可能地多请教，尽量跟随他们一起工作，这样你才可能学到本事。

问：是什么让你有了现在的人生观？

答：两件事。第一个就是专题研讨会。我觉得每个人都应该一个月参加一次，因为领导们也是从这里成长的，比如我昨晚参加的那种。好的研讨会能令人振奋，让人相信他们恨不得有上天入地的本领。第二个是，你必须每天至少听一个小时的录音带。我们每天要开两小时车，你应当把这一年中的 700 多个小时花在你的汽车教室里，听听有成就的人是如何奋斗的，你也会成绩优异。录制学习录音带的生意，让我在演讲、写作、房地产、网络营销和互联网五个领域里赚了很多钱。

论奥格·曼狄诺的羊皮卷

奥格的十卷羊皮卷是永恒的经典，非常容易掌握和运用。我非常珍爱这些羊皮卷。

在我的公司里，我的同僚们都自觉自愿苦读此书，学习并加以运用这些闪光的法则。如果每个人都能掌握《世界上最伟大的推销员》这部书里的智慧法则，那么这些话语就可以百分百地发挥力量了。我热爱奥格和他的著作。

第 5 章
珍惜今天，待之如生命的最后一日

如果这是我生命的最后一日，我要建一座丰碑，让这一天成为我生命中最美好的一日。我会打比平时更多的电话，卖掉更多的产品，挣更多的钱。今天的每一分钟都比昨天硕果丰盛。最后一日必须是最灿烂的一日。

羊皮卷宝训5：时间

我要珍惜今天，待之如生命的最后一日。

这宝贵的最后一日，我将做什么呢？首先，我要给生命的宝瓶封印，不让一滴生命的精华流失。我不会浪费时间哀叹昨日的不幸或失败，痛定思痛不如振作起来迎接新的美好。

流沙已去，能向上逆流回沙漏吗？太阳西沉，可以在那里重新升起吗？昨天的过错，可以返回去改正吗？昨日新添的伤，可以返回去让它消失吗？今天的我，能回到昨日的岁月吗？恶语相向，拳脚伤人，都是覆水难收。昨天已被埋葬，不必再想。

我要珍惜今天，待之如生命的最后一日。

我该怎么做？不回忆昨天，也不妄想明日，珍惜当下。明天的流沙会预先流到今天的沙漏？早晨会有两次日出？我可以活在今天却做着明天的事？明天不曾预料的死亡，能够预先夺取今天的欢乐？天下本无事，庸人自扰之？绝不！昨天和明天一同埋葬，不必再想。

我要珍惜今天，待之如生命的最后一日。

今天就是我的一切，每一寸光阴都是永恒。我怀着喜悦放声高呼，仿佛死刑犯获得缓刑。**我伸出双臂迎接新的一天，这是礼物，是无价之宝。**同样，我的心因感恩而跳动，我觉得留恋昨天日出的人不再拥有鲜活的今天。我真的幸运无比，今天的时光是一项额外的奖赏。**为何众人故去而唯我尚能享受这额外的一日？是他们已经完成了自己的目标，而我尚需努力？难道这是一次机会，让我成为我理想中的人？难道是冥冥之中，该我出人头地？**

我要珍惜今天，待之如生命的最后一日。

生命只有一次，时间就是生命。如果我浪费时间，就是浪费生命，反之亦然。逝者如斯，每一分钟我都珍爱无比。时光一去不复返，时间不可存储以任意取用，人们只有望之兴叹。而我要紧紧抓住每一分钟，因为时间的价值难以估量。垂死的人愿意倾其所有换得游丝之气，我又怎么敢荒废眼前的时光？我要让时间变成无价之宝。

我要珍惜今天，待之如生命的最后一日。

我要极力回避消磨、浪费时光。积极行动而不拖延时间，信守诺言而果断决绝，充满信心战胜恐惧。不听家长里短的闲聊，不做闲散无聊的乱逛，远离无所事事的人。我知道，喜好无聊浪费时间，就是偷取所爱之人的食物、衣服和温暖，我不是窃贼。**我充满爱心，今天是证明我的爱心和伟大之处的最后一天。**

我要珍惜今天，待之如生命的最后一日。

今日事今日毕。今天，趁孩子们还年轻，多多爱抚他们，明天他们会离开，我也是如此。我会深情地拥吻我的爱人，明天她会消失，我也不复存在。今天，我会助朋友一臂之力，因为明天他不会再向我求援，我也再不能听到他的声音。今天，我会牺牲自己，全心奉献给工作，明天我将什么也不能给予，也得不到任何东西。

我要珍惜今天，待之如生命的最后一日。

如果这是我生命的最后一日，我要建一座丰碑，让这一天成为我生命中最美好的一日。时间如流水滴答而过，我会将每一滴水吮吸殆尽，尽情享受，感恩戴德。我要让每一小时过得充实，让每一分钟物有所值。我会比平时更努力工作，不遗余力，连续作战。**我会打比平时更多的电话，卖掉更多的产品，挣更多的钱。今天的每一分钟都比昨天硕果丰盛。最后一日必须是最灿烂的一日。**

我要珍惜今天，待之如生命的最后一日。

如果尚有余日，我会双膝跪地，感恩不尽。

培训课 5：时间管理

那铭刻于潜意识的东西，终将变成现实。

关于时间管理，有很多书籍和演讲，教我们如何管理自己的工作、提高效率、事半功倍以及如何节省时间的技巧。但是，大多数资料都是从外部因素讲的，而羊皮卷第五卷，不仅仅讲解时间管理的技巧，也展示了我们该如何从自身找原因，教给我们培养对时间合宜的态度，如何尽情享受每一个时刻。

时间本身不会自我管理，我们必须学会的就是在时间的环境中管理我们自己。时间就像一条流动的长河，我们就是河上的轻舟，我们不是管理那条河，我们控制的是船的航向与终点。

羊皮卷第五卷将帮助我们树立正确的时间观念，客观看待过去、现在与未来。下列几点将会引导你步入时间管理的征程。

1 | 生活在日密舱里

"首先,我要给生命的宝瓶封印,不让一滴生命的精华流失。"

焦虑是一种病,会摧毁日常的效率。懊悔过去和忧虑明天,只会消耗你的精力,让你当前本来可以取得的成绩大打折扣。奥格·曼狄诺经常谈及他的一条小秘诀:生活在日密舱里。这个简单易行的方法,帮助他消除了焦虑带来的副作用。

奥格发现这个秘诀,是在威廉姆·奥斯勒爵士(Sir Willam Osler)给耶鲁大学学生做演讲的时候。一天,在一艘游艇上,威廉姆·奥斯勒爵士观察到,如果船体受损,把下层的舱室密封上,就可以让船免于沉没。因为密封舱室后,水就只能进入船的破洞了。

奥格运用这个例子告诉我们如何让生命免于沉沦。关闭昨天的懊悔之门和未来的忧虑之门,我们就可以让梦想之舟继续漂流。这种观念可以让我们事半功倍,让生活更充实。

2 | 如何看待过去

"痛定思痛不如振作起来迎接新的美好……昨天已被埋葬,不必再想。"

后视镜是一个很重要的工具,它能让司机边开车边观察,一瞥知全局。但是,用后视镜引导你到达目的地无疑是愚蠢的。如果你集中注意力看后视镜,而只偶尔看看挡风玻璃的前方,那么在你还没有正式上路前,恐怕就会出事故。

同样,过去也是一个重要的工具,但是如果你总集中精力去想过去，那将很难把你的生活驶入正轨。如果你的思想集中在过去，那么你所有的明天和昨天就没什么区别。

3 | 如何看待明天

"珍惜当下……昨天和明天一同埋葬，不必再想。"

另一个毁灭今天的罪魁祸首就是对明天的忧虑。我们浪费在忧虑和懊悔上的每一秒钟，本可以投入生活中，创造更充实的人生。

我们浪费时间去忧虑的很多事情从来没发生过，就像一些事，我们担心半天，也无法改变。

费时费力去担忧，不如展望未来，用我们的心智描绘明天的成果更有意义，不是吗？不要说："我要迈出积极的一步，这样我离目标就更近一点。"要这样说："今天我就迈出这一步。"然后行动。

4 | 珍惜当下

"我伸出双臂迎接新的一天，这是礼物，是无价之宝。"

圣诞节是最值得庆贺的一个节日，是互赠礼物的一天。设想一下，如果这一天的礼物，都来自往年的圣诞节，破破烂烂，再加上一张列表，上面写有明年你希望得到的礼物。尽管圣诞节不仅仅意味着礼物，但这个节日的精彩之处就在于这个时刻的礼物，而不是过去或将来的节日礼物。

你的每一日就像一个全新的礼物。你不必因担心过去与将来，而错失了现在打开礼物时的欣喜。

像古印第安人那样迎接每一个清晨，他们会说："着眼于今天，明天只是一个幻象，昨天只是一个梦。如果我们珍惜今天，就能让明天的幻象变成希望，昨天的梦成为幸福的回忆。"

5 实现目标

"为何众人故去而唯我尚能享受这额外的一日？是他们已经完成了自己的目标，而我尚需努力？"

每个人都会在生活中寻觅人生的目标。一旦你清楚了自己的目标，为了实现它，你就会每天投入时间和精力。如果有一天，你的时间不用在实现目标上，你就会感觉空虚。你的目标不会自动实现，懈怠一天，你离你理想的终点站就远一日。

想知道你的确切目标，你只需要抽点时间静静思索下，认识自己，你的目标就会清晰。而且你越追求，它越清晰。

6 战胜时间杀手

"我要极力回避消磨、浪费时光。积极行动而不拖延时间，信守诺言而果断决绝，充满信心战胜恐惧。"

注意奥格所引用的战胜时间杀手的方法，想有效运用这些法则，你必须首先认识到，这些弱点并不是你自身的一部分。人们太过频繁把消极因素看成自身个性的一部分，他们对自己说"我就是个爱拖延的人，我容易疑虑，我容易担忧"。如果你把这些弱点看作自身的一部分，那就很难改变了。

但是，如果你把它们当作外部的力量因素，就可以轻松对抗了。拖延症、多疑症、焦虑症和蚊子差不多，不驱赶它们就不走。对抗它们的力量如行动、信念、信心，就好比杀虫剂，可以杀死这些时间杀手。

仔细查看一下你的工作日，找出那些杀手，看看是什么在消耗你最宝贵的时间。也许是参加无聊的会议，也许是毫无效率的电话粥，或者是缺少恰当的组织管理。不管是什么，一旦你找到了它们，制定方针去对抗，你就会为你的人生增添宝贵的时刻。

7 最后的机会

"我充满爱心，今天是证明我的爱心和伟大之处的最后一天。"

生活中有各种的不确定因素，人们总是在寻找确定因素，然而生活中最确定而又缺乏保障的就是：生命有一天会走到尽头。

有时候你会被迫面对一些现实。当某个悲剧性的头条新闻惊醒你，你可能被迫接受了这个现实；当心爱的人逝去，或与死神擦肩而过，你会更多地考虑生命苦短无常。这些情况会促使你更加谨慎地处理时间的问题。生命无常，会促使你更有效地利用时间。

现在，如果这种观念能够让你提高实际效率，获得事半功倍的效果，那为什么不坚持每日如此呢？我并不是建议你沉迷于死亡的问题，而是要使你认识到，死亡虽然是不可避免的，但是它不能影响你的生活。

8 在时间的长河里管理好自己

"今日事今日毕。"

浪费时间的另一原因就是,我们会忘记当天的事情应该当天完成。如果每天醒来都没有明确的行动计划,就会导致我们无所事事,漫无目的,伴随而来的就是空虚和混乱。

明确你的具体任务,就好比双手紧握方向盘,引导自己向着理想的方向行驶,你就会确定好明天成功的路径。

在各方面都树立好人生目标,自己确定并执行每天的任务。千万不要陷入任凭年复一年时间逝去,却没有发现你的行动将你带向何方的陷阱中。

9 生命中最美好的一天

"如果这是我生命的最后一日,我要建一座丰碑,让这一天成为我生命中最美好的一日。"

这里有一首小诗,是我写给时间的:

那并非你向往的所在,仿佛一个永恒之地。那么多所爱,时光却无几。人生几何由我掌握?当我放慢脚步,时间可属于我?

时间是一头巨兽,它让我的今天停滞,因它昨天就将今天吞噬,我的时光,就这样消逝。而今我站在这里,等待明天将至,我在苦苦思索,时间可属于我?

读史使人明志,让我们看到彼岸之志。曾经,我们把良机错失，回忆由懊悔编织。虽有不堪回首的往事，生活仍在继续，还有新的明日。或许，我会做得更好，让我珍惜这一次。

我拥有的是现在的时日，我的所作所为，是我人生的果实，自会留下它的痕迹。因此，我以当前的时光，弯曲自己，打造新我。因为命运的缘故，也许我会犯些错，但现在，时间还属于我。

有意识地让每一天都比以往过得好，会造就一种进步的标准，能鞭策我们每天都提升自己。这个习惯可以让我们在每天醒来的时候，都有一种意识，这一天确实是我们生命中最美好的一日。

10 提升今天的价值

"我会打比平时更多的电话，卖掉更多的产品，挣更多的钱。今天的每一分钟都比昨天要硕果丰盛。最后一日必须是最灿烂的一日。"

多年以前，我的一位导师给了我一些深刻的建议，告诉我如何让生活中的方方面面得到提升。"你只要做一件事。"他说。我热切想知道这个能让人改头换面的秘诀到底是什么。

当时，他的回答听起来很幼稚，但是多年后，我感觉他的回答确实是无价之宝。他的回答很简单："你就每天比前一天多做一件不曾做过的事。"

成长是宇宙万物的规律。如果你期待成功，你必须顺应这个万物皆适用的规律。如果你每天都有意识地努力提升自己一点，随着时光流逝，保证你会提升每一天的价值。提升时间的价值这一方法会载你驶向成功的彼岸。

实战练习：培养时间观念

从事销售这一职业，经常有一系列的任务需要完成。这些任务也许每个月甚至每一天都要重复执行，具体根据产品和服务而定。养成习惯，用必要的多次反复行动来完成这些任务，你就不必把它们写在你的备忘录里了。

我们挑出来作为此项特殊训练的任务，必须直接与销售有关。或许你要花费一定的时间打电话、发邮件和传真，或者回复商业信函，或者你要花时间打推销电话、服务客户甚至上门演示。做一个表格来安排这些事情，找出一天当中一个特定的时间和一定的时间段来执行。

把你的安排写下来，但一定要让自己感到舒适才好。如果你需要做些修改再去执行也可以。一旦你设计了对你有用的合适的表格，你就可以继续按照它来执行，直到你能够自觉行动，不再用小纸条提示自己。这样，也会让你的工作更有效率，即使你当时意识不到。

在《销售的奥秘》(*Selling for Dummies*) 这本书里，汤姆·霍普金斯 (Tom Hopkins) 描述了销售的七项标准组成部分。我把这些标准应用到我们的实战练习里，所有的步骤都应该记录在一个销售人员一天的日程里：

1. 客户：发现和定位你产品或服务的潜在客户；
2. 取得联系：给你未来的客户留下一个好的第一印象；
3. 优质客户：确保你谈话的对象是有需要的人，评估下这个人需要的产品或服务；
4. 演示：解决客户的需求，说明你的产品如何有效满足他们的需求；
5. 给予关注：你做演示后，客户会提问题或有表示反对和拒绝的意向，你要给予回应；
6. 成交：完成所有步骤，成交生意；
7. 介绍：询问其他人的姓名，他们有可能需要你的产品或服务。

尽管你在销售过程中采用的步骤略有不同，但关键是要分清楚哪些是销售必需的，然后反复运用，直到变成习惯。

人物聚焦

汤姆·霍普金斯
（Tom Hopkins）

汤姆·霍普金斯小传

汤姆·霍普金斯是典型的成功人物，27岁就成为当时的百万富翁。他开办了汤姆·霍普金斯国际公司。33年前，他认为自己是个失败的人。大学上了90天就退学了，而接下来的18个月里，他都在工地扛建材。

他觉得肯定有更好的办法度过人生，于是就去做销售了。之后，他遭遇了生命中最糟糕的时期。长达六个月，霍普金斯平均每个月挣42美元，欠债，然后陷入了深深的绝望。拿着最后一点钱,他报了一个销售培训学习班,由此改变了命运。接下来的半年里,他的销售额已经达到了100多万美元。

21岁的时候,他赢得了洛杉矶销售和营销学院的萨米奖,开始创造至今仍屹立不倒的销售纪录。因为在销售业界能力卓越,以及富有成效的销售技巧,霍普金斯于1974年开始举办培训大会,每个月培训10 000名推销员,很快就成为闻名于世的销售培训师。今天,作为汤姆·霍普金斯国际公司的总裁,他每年都举办大约75次销售培训大会,遍及美国、加拿大、澳大利亚、新西兰、新加坡和马来西亚。

霍普金斯率先推出了很多高质量的音频和录像带,专门提供给那些不能到会参加培训的人,以及需要巩固学习成果的学员。这些资料被公认为有史以来效果最好的销售培训材料,并且不断更新,至今还在被世界各国100多万人使用。

霍普金斯还著有七本书,其中包括1980年出版的《如何掌握推销艺术》(*How To Master The Art Of Selling*)。最新出版的书籍是为IDG世界图书公司写的《销售的奥秘》。

与汤姆·霍普金斯的一对一访谈

问:你是如何在销售行业开始工作的?

答:我爸爸一直在做销售,我没接受过任何专业教育,也没有任何经验,直接做的。

问：多年来，你遇到的最大挑战是什么？

答：事业和个人生活如何保持平衡的问题。

问：你的职业生涯中最杰出的成就是什么？

答：托老天的福，有很多人可以得到我的信息资料，我可以告诉他们如何建造更好的人生，如何让家庭更完美。

问：谁是对你最有影响力的榜样或导师？

答：J. 道格拉斯·爱德华（J. Douglas Edwards）、厄尔·南丁格尔和齐格·金克拉。

问：你运用过的最有效的销售技巧是什么？

答：富兰克林平衡法。很多人做决定时犹豫不决，因为他们没有清楚地看到答案。这个办法会让收益问题变得简单化。

问：请举例说明你是如何在现实生活中运用这一技巧的？

答：这里有个实际的例子，告诉你如何运用富兰克林平衡法，与凯文、凯伦·史密斯在一家房地产办公室的经历，记录在我那本《销售的奥秘》的书里：

汤姆：你觉得第三大街的那套房子是不是最适合你们？

凯文：汤姆，你推荐的那幢房子确实是一个很大的投资。我还没想好要不要现在就买（我询问过很多次了，现在我准备让这些答案来帮助我成交这笔生意。我能看出来他和凯伦确实不想做出决定花这笔钱。他们对这幢房子印象深刻，他们也需要搬家。他们已经知道了要花多少钱，但是他们不想把这笔钱花在房子上，换言之，他们和其他普通的买家一样。这是一个完美的机会，可以运用富兰克林的资产负债表来决策）。

汤姆：是不是这样的，凯伦和凯文？问题就是你们还没有找时间来衡量有关的事项。

凯文：是啊，我觉得我们还没有心思考虑这件事。

汤姆：那做决定实际上就是看事实本身如何，对吗？

凯伦：我觉得是这样。

汤姆：你知道吗？这很有意思。有一阵我老想到一个人，就是我们美国人认为最聪明的本杰明·富兰克林。当他无法做出决定的时候，就会拿出纸和笔，在纸的中间画出一条线，他在纸的一边，把支持自己决定的一面列出来，而在纸的另一边，则把反对这个决定的一面也列出来。然后，他把这些支持和反对的因素各自相加，看看哪一面最好。

这样做有点好笑。有一次我试了试这个方法，不仅仅用在我的工作中，也用到我的个人生活里。很快，我们全家也开始使用这个方法来做决定。富兰克林说过，如果这个决定是正确的，他就直接动手，如果这个决定并不明智，他就会尽量避免。那么我们何不试试用这个办法来分析一下呢？如你所说的，花些心思？

凯文和凯伦：好吧，我们一起来试试。

汤姆：太好了，支持这个决定的因素写在一边，反对的写在另一边。然后你们可以把它们各自相加看看。我们有时间不是吗？就花几分钟。

凯文：好的（我能列出很多他们喜欢这个房子的原因，因为自从我们开车进到这个小区，他们就有不少的好评，我都记下来了。如果他们想不起来了，我可以提醒他们的，就用我列在这张表上的东西）。

汤姆：好的，我们现在就试吧。我们想想支持这个决定的原因。这个房子具有所有你们期待的特点，对吧？

凯文和凯伦：是的。

汤姆：安排好的话，你们花在这个房子上的月供，比你们现在的房子的月供要低，现在我们已经明确了这一点，对吧？

凯伦：对。

汤姆：你们刚才说你们想离小学近点，这个房子恰好离小学只有三个街区，这又是一个优点，你们说呢？

凯文和凯伦：绝对是。

汤姆：那我们继续。你们觉得后院专业的园林绿化很不错。

凯伦：是啊，孩子们在院子里会玩得很开心。

汤姆：是吧？我们把这条也记下来。那么房子的外部环境怎么样？我们开车进来的时候，你觉得是什么让你这么兴奋呢，凯伦？

凯伦：这确实是个美丽的家园。

汤姆：我们看下，这有五条了。你们还能想到其他的优势吗？

凯文：哦，我们很喜欢新改建的厨房里附赠的那些设备。

汤姆：好，我们把这条也记下来。

凯文：我喜欢园子里的那些大树。

汤姆：好，这个也算。

凯伦：对了，我们俩都喜欢主浴室里的那个下沉式浴缸。

汤姆：嗯，确实不错。还有什么能想到的？现在，有多少个负面因素呢？

凯文：我们看一下。首付是个问题，这几乎是我们所有的积蓄了。

汤姆：哦，还有什么？

凯文：我们原来真的很想找一个带太阳能加热的房子。

汤姆：这两点的确是个问题。凯文，你还找到其他的没有（停顿了下，显然凯伦和凯文没有想到更多的负面因素）？

汤姆：好吧，那我们就把这两点算上。凯伦，凯文，你们看答案是不是显而易见的呢？

问：你给那些有抱负的销售人员最有价值的建议是什么？

答：和我开始的时候不同，今天有很多书籍、录音和培训可以供大家学习，不用走弯路。

论奥迪·曼狄诺的羊皮卷

差不多 30 年前，我就踏上了阅读这部羊皮卷的征程，很显然，我找到了力量的源泉，找到了一把金钥匙，开启了我的潜力之门，实现了我的梦想。每一次阅读羊皮卷，其中的教导都直入我心。我反复阅读第三卷的教导："我会坚持到底，直到成功。"照此教导，我对成功的追求坚定无比，失败永远不会战胜我。《世界上最伟大的推销员》真的是一本励志书，愿导师不朽，愿这些教导永存。我对奥格感激不尽，因为这些教导对我的生活影响巨大，对我有幸培养的那些人同样影响很大。

第 6 章
掌控自己的情绪

如果我带来的是欢乐、热情、光明和笑容，他们就会报以同等的欢乐、热情、光明和笑容，我的情绪将为我带来丰硕成果：高额的销售、满满的收益。做情绪的主人，掌控自己的命运。

羊皮卷宝训6：
情绪

今天，我要掌控自己的情绪。

潮起潮落，冬去春来，炎夏褪去，寒凉渐起。日有升起落下，月有阴晴圆缺。候鸟归巢又离去，鲜花盛开，落花无言。春日播种，秋日收获。大自然的一切都是一个情绪周期，我身在其中，身不由己，我的情绪会高涨，也会低落，恰似潮起潮落。

今天，我要掌控自己的情绪。

很少有人懂得大自然的一个特点，那就是每一天醒来时都带着某种由昨天转变而来的情绪。昨天的欢乐，或许会变成今天的悲戚；昨天的悲伤也会变成今日的愉悦。我内心旋转如轮，不停地转换喜乐与悲伤、狂放与压抑、幸福与忧郁。好比花朵，今天盛开着喜悦，明天凋谢成惆怅。然而我知道，今天凋谢的花，孕育着明天绽放的花种；今天的忧伤，预示着明天的喜乐。

今天，我要掌控自己的情绪。

我该如何控制这些情绪，才能让每一天都过得充实？没有适宜的情绪，这一天将一事无成。树木花朵依赖天气才得以繁茂，而我要自己缔造一个好天气，呼之即来。如果我带着雨水一样的忧郁、暗沉的消极，客户就不会买我的东西。**如果我带来的是欢乐、热情、光明和笑容，他们就会报以同等的欢乐、热情、光明和笑容**，我的情绪将为我带来丰硕成果：高额的销售、满满的收益。

今天，我要掌控自己的情绪。

要如何掌控情绪才能让每一天都欢乐而丰盛呢？我要懂得一个岁月的秘诀：**弱者任由情绪支配行动，强者则用行动控制情绪**。每天醒来当我被悲伤、自怜、失败的情绪包围时，我就这样与之对抗：

> 沮丧时，我引吭高歌。
> 悲伤时，我开怀大笑。
> 疼痛时，我加倍工作。
> 恐惧时，我勇往直前。
> 自卑时，我换上新装。
> 不安时，我提高嗓音。
> 穷困潦倒时，我想象未来的富有。
> 力不从心时，我回想过去的成功。

自轻自贱时，我想想自己的目标。

今天，我要掌控自己的情绪。

从此，我懂得，只有低能者才会江郎才尽，而我不在此列，我必须不断对抗那些企图摧垮我的力量。绝望与悲伤一眼就能识破，而那些看似微笑和友善的坏情绪，也会摧毁我，对此，我也不会放弃抵抗。

自高自大时，我要追寻失败的记忆。
纵情得意时，我要记得挨饿的日子。
洋洋肆意时，我要想想竞争的对手。
沾沾自喜时，不要忘了那忍辱的时刻。
自以为是时，看看自己能否让风驻步。
腰缠万贯时，想想那些食不果腹的人。
骄傲自满时，要想到自己怯懦的时候。
不可一世时，让我抬头仰望群星。

有了这项新本事，我就更能体察别人的情绪变化。**我宽容怒气冲冲的人，因为他尚未能够控制自己的情绪。我可以忍耐他的指责和辱骂，因为我知道明天他会转变，重新变得随和。**

我不再只凭一面之交来断定一个人，也不再因他今日的可恶而明日不给他打电话。今天不肯花一分钱买金蓬马车的人，来日他兴许会用所有家当换一棵树苗。知晓了这个奥秘，我就拿到了财富之门的金钥匙。

今天，我要掌控自己的情绪。

我从此领悟到人类包括我本人情感变更的神秘。对自己每日变幻无穷的个性，我不再任其自然，我将用积极的行动把控自己的情绪。做情绪的主人，掌控自己的命运。

今天，我掌控了自己的命运，我的命运就是要成为"世界上最伟大的推销员"，如这本书中所述。

做自己的主人，我将变得更强大。

培训课 6：情绪掌控

那铭刻于潜意识的东西，终将变成现实。

销售通常要与人直接打交道，所以，为赢得成功的机会，懂得人的天性是很重要的，也许最关键的一点就是要知晓人的情绪。

内部因素和外部因素都会影响到人们的情绪，所以很难精确地预测客户的情绪状态。要想有效地和人打交道，你不仅要懂得他们的情绪，也要懂得你自己的情绪。

羊皮卷第六卷将会帮助你知晓人类情绪的变化，你会发现潜在的情绪变化的原因，从而控制情绪，缓解你和客户之间的情绪问题。

1 大自然的两面性

"大自然的一切都是一个情绪周期，我身在其中，身不由己，我的情绪会高涨，也会低落，恰似潮起潮落。"

很奇怪，无论我们怎么细心观察，都不能完全参透大自然是如何影响我们的。原子是物质极小的结构，正与负也证明了自然界两面性的存在。同样，我们周围也环绕着正负两种力量。有时候我们会被其所左右，好比一片枯叶，被风无情地吹打。然而，事实是我们拥有去改变这两种力量的能力，就仿佛我们是风，而它们是枯叶。

在任何一种反对力量里，都蕴藏着相应的益处。如果你能发现其中的奥秘，就能够保持情绪的平衡，无论你的情绪是高涨还是低落。羊皮卷第二卷里曾说过："我爱光明，为我引路；我也爱黑暗，繁星点点。"

2 | 知晓情绪的变化

"很少有人懂得大自然的一个特点，那就是每一天醒来时都带着某种由昨天转变而来的情绪。"

据说人们经历的伤痛越深，对欢乐的渴望就越强烈。情绪就像彩虹，每一个色调都可以激发出我们内心不同的感受，我们所经历的每一种情绪，都给我们的生活增添了别样的滋味。

如果你的情绪始终如一，生活就会极其单调。如果情绪经常变化，你就不得不学会控制。毕竟，生活就像坐云霄飞车，情绪控制的好坏，决定着这个游戏是给人带来惊吓还是令人兴奋快乐。

3 | 阻挡成功的氛围

"如果我带来的是欢乐、热情、光明和笑容，他们就会报以同等的欢乐、热情、光明和笑容，我的情绪将为我带来丰硕成果：高额的销售、满满的收益。"

与他人交往时，不应掺入各种负面的情绪，它们有一种刺鼻的气味，如果随身携带，人们会很反感，就不想和你做生意了。驱除这些负面消极的情绪，用正面积极的情绪沐浴自己。

销售人员经常会陷入一种不利于交易的氛围，比如，你的客户有些沮丧，可能是因为业务进展缓慢，也可能是因为他个人的生活刚经历了不幸。他没有转变这个氛围，导致你也受到影响，结果生意成了泡影。实际上你掌握着改变的能力，所以，动手去改变它。

4 主动控制情绪

"弱者任由情绪支配行动，强者则用行动控制情绪。"

给大家一点经验之谈：行动受想法和情绪的支配。有些人允许这些想法和情绪支配他们的行动，即便他们的行动不能产生任何效益。思想好比美梦与噩梦，仅仅是因为你会做梦，并不意味着它们要化作现实。选择那些你可以付诸行动的想法，或那些你可以追求的梦想。

反过来，如果你的行动可以激发你的思想，你就能更多地练习控制你的精神体系，指挥你的行动更好地通往你的目标。例如，每个推销员都喜欢见热心购买产品的客户，你可以把下一个客户当作那个热心的人，看看你的行为如何影响你的销售。

5 遭遇情绪低落

"我必须不断对抗那些企图摧垮我的力量。"

如果观察小孩子学习骑自行车，你会发现一个简单而有用的道理。一开始,小孩子总是摇摇晃晃,容易倒向一边,最后会失去平衡。用辅助轮就会让孩子不容易摔下来,虽然孩子仍旧会偏斜,但依靠辅助轮,最后他会发现平衡的技巧,就能够脱离辅助轮了。

我们的情绪变化和小孩子学骑车是一样的。如果你过于倒向一边,你肯定会经历痛苦的情绪体验。你可以做很多简单的事情来对抗情绪低落,让自己保持心理平衡。如果你觉得自己被忧伤所控,就看一部喜剧或者做点搞笑的事把别人逗乐。当你感到担忧的时候,做你害怕的事情就会直接摧毁这种恐惧。换言之,做点逆向的事情,让你的情绪保持平衡。

6 调节过于高涨的情绪

"绝望与悲伤一眼就能识破,而那些看似微笑和友善的坏情绪,也会摧毁我。"

最常见的情绪不平衡是情绪低潮,所以我们能看到很多宣称能治愈人们的沮丧情绪的广告。但是,情绪的高潮也会摧毁人,甚至过犹不及。因为这种情况不易被人察觉,也就不易被人们认真对待。

自大狂和权力欲者,往往在情绪上是失衡的,如同心情沮丧和自卑心理严重的人一样。这里有一些简单的建议来对抗过于高涨的情绪:成功的时刻,找个时间去看望那些不如你幸运的人。去最喜欢的餐馆吃饭,或外出度假,回想下过去的失意和艰难岁月,就会有知足常乐的淡然心态。如果你感到自己不可一世,只需回顾一下你上一次所立的遗嘱。如果没有,你可以准备一个,因为这种东西能够提醒你生命无常。

7 宽容情绪不好的人
"我宽容怒气冲冲的人,因为他尚未懂得控制自己的情绪。"

虽然你掌控了自己的情绪,但大多数人并没有做到这点。你的很多客户几乎不会控制自己的情绪,他们会随意发泄,对此,你要有更多的耐心和宽容。被情绪无常、烦躁易怒的人惹火,只能让你丧失耐心,针锋相对,结果就是生意不成。理解对方,不要被其激怒,试着用良好的情绪去缓解紧张的气氛。

8 对拒绝免疫
"我可以忍受他的指责与辱骂,因为我知道明天他会改变,重新变得随和。"

对别人的拒绝感到生气,说明自身缺乏情绪上的安全感,如果有人漠视你的热心推荐,不必计较,他拒绝的是你的产品推介,并不是针对你这个人。

假如你尽你所能地去处理他的拒绝,他态度仍旧如一,那就给他留一个好印象,也许过后他会感兴趣。如果你给对方留下了不错的印象,你或许还会达成交易。

对拒绝免疫的秘诀是这样的:记住每一个行动都会产生某种响应,如果这种响应不是你想要的,就试着换一种方法,直到获得你想要的结果。假如你认为努力也无用,那么对方的拒绝只会刺伤你。但如果你努力的目的就是为了产生某种响应,那你就永远不会失利。

9 | 财富之门的金钥匙

"我不再只凭一面之交来断定一个人,也不再因他今日的可恶而明日不给他打电话。"

三日不见当刮目相看,你和五年前、五个月前甚至五分钟前相比,已经不是同一种状态。时间可以改变一个人,无论是身体、心灵还是情绪,尽管第一印象很重要,但并非一成不变。

世上有很多变数,今天消极忧郁的客户,明天也许就变得积极热情,给你带来利润。人寿保险业务员一开始可能无法搞定一位正当年的经理,但后者明天就有可能对保险有新的想法,不要担心,再打电话给他,尽管他曾一度拒绝。

10 | 巧妙处理情绪问题

"做情绪的主人,掌控自己的命运。"

人生不是机会游戏,命运也不是诅咒一拨人而厚爱另一拨人。你始终拥有掌控自己生活的能力,而知晓了控制情绪的知识,你的效率就会得到意想不到的提高。

为了做一个真正的主人,你必须不断练习,持续培养自己的能力。练习控制自己的情绪,激发别人积极的情绪。运用在羊皮卷第六卷里学到的情绪控制方法,在家庭、工作甚至娱乐中多加练习,直到最后变成你每日生活的标准。

实战练习：控制自己的情绪

分享给你一个简单的练习，你可以用来控制你自己的情绪。这个方法最初是由本杰明·富兰克林发现，用来训练完善自己的性格的。富兰克林先生是美国的开国元勋之一，有着光辉的个人形象。有时，他发现和他人打交道时，自己的脾气和率真的个性会造成一些摩擦。他是个聪明人，设计了一个简单实用的方法，来改善自己性格中的瑕疵。

富兰克林列了一个表，记下自己学到的一些关于美德的词汇：节制、缄默、秩序、坚定、节俭、勤奋、真诚、公正、中庸、整洁、冷静、节欲、谦逊。但是，在他开始尝试将这些美德贯彻到自己生活中的时候，他发现非常困难，当他努力与一种缺点搏斗时，另一种就会跳出来扰乱。

所以，他决定集中精力对付其中一种缺点，而不是分散精力齐头并进地去克服人性中的各种弱点。他集中精力一次解决一个问题，而不是让自己一下子变得完美无缺。

他准备了一个本子，写下一整页要培养的美德。在页面上，先列出七道竖线，代表一周七天，每天培养一种。然后在页面的左侧，他列出 13 种美德的缩写，每个缩写下画一条长横线。接下来，在那页顶端，写下这一周他要培养的那项美德。一周过后，在页面横线与竖线交叉的地方，把自己没做好的某一点做上记号。

他的目标是让美德所标注的那行横线上，不再有记号。这个方法，让他能看到自己的行为，帮助他有的放矢地改变自己。

为学习这一章，可以运用富兰克林的方法，列一个表格，写出你想培养的个人品质。在一周中，找出你想要培养的那一项，集中精力去做。每次你发现自己在另一个地方做得不足，就另写一张纸条，在完成表格后，再重新开始此过程。你还可以按自己的意愿随意添加自己想要拥有的好品质。

学会控制情绪效果惊人，会更容易调动其他人的情绪。如想挑起某个人情绪上的某种响应，你只需给予一定的情感激励，就会有所收获。比如，如果你想得到爱情，那就去播种吧。

人物聚焦

查尔斯·琼斯
(Charles Jones)

查尔斯·琼斯小传

查尔斯·琼斯六岁的时候就开始涉足销售。他卖过《自由》(*Liberty*)和《科里尔》(*Coller*)杂志,获奖无数。八岁的时候,他开创了自己的酷爱牌儿童饮料和冰淇淋生意。

22岁的时候,他进入一家当时名列美国前十的公司,从此进入保险行业。23岁,他被授予最具价值合伙人奖(Most Valuable Associate Award)。10年后,他因在招募、人力资源开发和企业管理上的优秀业绩,被授予最高管理奖。37岁那年,他的公司创收超过1亿美元。当时,他建立了人生管理服务项目,通过讨论培训和咨询服务,分享自己的人生经历和经验。

在长达25年的时间里,他为成千上万的观众带来了欢笑,观众们分享着"T"先生对人生各种意外情境的感悟,他们来自美国、加拿大、墨西哥、澳大利亚、新西兰以及欧洲、亚洲地区。

他是一位作家,著有《人生无限——七条领先定律》(*Life is Tremendous— 7 Laws of Leadership*),印刷了100万册,他的两大著名演讲"领先的代价"以及"从何处开始领先"出现在各种会议中,并被人们记录,录制成磁带。

他活跃在一些著名的公众电视系列节目中,比如《全球充满活力的成功者》(*Dynamic Achievers World Network*)系列电视节目《汽车销售卫星直播培训》(*Automotive Sales Training Network*)系列节目、《洞察卓越》(*Insights Into Excellence*)视频培训系列节目、南丁格尔的《幽默有益》(*Executive Treasury of Humor*)录音带系列,以及两部30分钟的彩色纪录片——《前沿和学习之大经验》(*The Leading Edge and Learning–A Tremendous Experience*)。该纪录片被全世界1000多家公司使用。

他是人生管理服务有限公司的总裁,也是一位著名的演讲家圆桌会议成员。因演讲才能卓越,他荣获美国演讲者协会颁发的CAPE大奖。他同时也是西岸商会、国家演讲协会、国际网络协会、基甸会和基督教商业协会等多个高级机构的成员。

与查尔斯·琼斯的一对一访谈

问：你是如何在销售行业开始工作的？

答：七岁的时候，我经常拦住人家，要他们听我唱约德尔调，他们就付给我两美元，因为有幸听我演唱。之后我开始卖杂志，并且学会了赚佣金。然后我转行卖一毛钱一份的周六晚报，能得两美分的提成。12岁的时候，我开始卖棒冰，我按4美分一份的价格批发，然后10美分卖掉，每天能挣几美元，当时那可是一大笔钱。十几岁的孩子很喜欢时尚，于是我在一家百货商场卖男子服装。我卖得很好，另一家百货公司的年轻女士就把我推荐给她丈夫。那位先生就过来问我愿不愿意去卖人寿保险。一开始我对此不感兴趣，但是，他告诉我他可以培训我，而且付给我跟那时候能挣的一样多的工资。后来我学习了人寿保险知识，并且发现卖掉一单保险后，我所得到的提成是我当时工资的三倍，我就想，这真是难以置信。之后，我告诉其他人保险生意很棒，说服他们一同加入，而且我也说服自己坚持下去不放弃。

问：多年来，你遇到的最大挑战是什么？

答：我生于20世纪20年代，那时候我妈妈好几次离家出走，我12岁的时候，她和我爸爸离婚了。因为贫穷和缺少家庭温暖，我15岁的时候决定离开家。所以我从高中开始辍学，也没有上过大学，所以我常说我最大的挑战，就是从没有接受过正规教育。

问：你的职业生涯中最杰出的成就是什么？

答：认识了耶稣基督，祂完全改变了我的人生，而且让我永不放弃对读书的热爱。

问：谁是对你最有影响力的榜样或导师？

答：我六岁的时候上了日校，遇到了一位人生楷模，他是对我影响最大的人之一。他的名字叫乔治·莫慧里（George Mowery），是日校的老师。当时他 21 岁，做鞋子生意，开着一辆新车。他常常带我们出去，钓鱼、游泳，还去他的家里。他给我一些钱让我背诵圣经里的章节。我这一生的大部分时间，都活在乔治老师的影子里。我一直努力效仿乔治，像他那样教育孩子们。做保险销售后，我的榜样是吉姆·罗德希尔（Jim Rudisil），他是商业委员会的总裁，也是基督教商业协会的主席。吉姆是一位演说家，更重要的是，他是一位虔诚的信徒。我从来没有认识过这样一位虔诚的人，还这样富有，并且受到社会的尊敬。哈尔·纳特（Hal Nut）是普渡大学保险营销学系主任，他是我最崇敬的演讲导师。哈尔有着无拘无束的热情，我对他的演讲很是着迷。多年来，我的演讲风格多是在效仿他。当我进入演讲圈时，书籍就是我的良师。我读了很多伟大的作者的书，如倪柝声（Watchman Nee）、章伯斯（Oswald Chambers）、司布真（Charles Spurgeon）、陶恕（A. W. Tozer）等人的著作。

问：你运用过的最有效的销售技巧是什么？

答：首先你必须有个好方法，然后要指出问题所在，告诉人们存在的具体问题是什么，再告诉他们解决方案。为了成交保单，你需要用某种形式的激励让客户放松，并且需要给他至少六次机会首肯。技巧固然能奏效，但是让生意成交的关键是，通过一些真实的事情，帮助他看到他需要的解决方案。

问：请举例说明你是如何在现实生活中运用这一技巧的？

答：在保险行业，我经常讲两种爸爸的故事。我常常说，有一种爸爸是"眼见为实型"，他们会说："只要我看到，我的孩子们需要什么就要有什么。"另一种爸爸是"未雨绸缪型"，他们会说："我想让孩子们拥有我能够给予他们的一切，不管我看到还是看不到，所以我要买很多保险给他们。"

问：你给那些有抱负的销售人员最有价值的建议是什么？

答：多年来，有很多销售从业者前来求教，在我还是一名普通的推销员时就是这样。我积攒了两条建议：一条良好，一条无价。我的良好建议定有好处，而我那无价的建议更值得珍藏。第一条，不要采纳什么建议，就去学习你行业的基础信条，不断实践。了解你的本行，时刻为成功做好准备。第二条，通晓你行业的基础知识，并且获得心灵的启示：永不言弃。如果信心受挫，那就去读一读伟人们的自传，看看他们在成功前经历了多少挫折。

问：是什么让你有了现在的人生观？

答：22岁时的我和现在完全相反。那时候的我亵渎、反叛，而且当时我生活的圈子里就盛行那种时尚。我的生活哲学就是，先发制人而不是受制于人。但后来我开始认识到，有两种截然不同的世界，我想成为其中一种世界的人，追求真理，讲究规矩，互相分享，互相服务。所以我下决心以善念为重，后来我做了丈夫，当了父亲。有一天，我的一位老朋友，和我谈起了耶稣，从那时开始，我的生活发生了很大的变化。他从来不跟我争论，但他让我查阅一些篇章，问我如何解释那里的意思。通过学习，他唤起了我的认识，发现上帝对我那深深的爱，从此我的生活彻底改变。

论奥格·曼狄诺的羊皮卷

奥格·曼狄诺永远是世界上最伟大的推销员，人们一直在买他的羊皮卷，因为这些羊皮卷激励了成千上万的人。人们在生活中实践其中的法则，从而获得了成功。对于成功的十大法则，每读一次，都变得更加富有意义。它们是永恒的经典，不会过时。任何人把这些羊皮卷的内容铭刻于心，都会变成智慧的源泉。

第 7 章
微笑面对世界

我要用我的笑容感染别人,因为皱起的眉头会让顾客弃我而去。从今往后,我只因幸福而落泪,因为悲伤、悔恨、挫折的泪水在商场上毫无价值,只有微笑可以换来财富,善言可以建起一座城堡。

羊皮卷宝训 7：
幽默

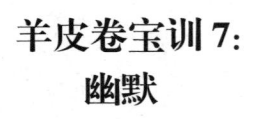

我以微笑面对世界。

只有人类才会笑。树木受伤会流出汁液，兽类伤痛和饥饿时会哀号，而我有笑这一上天赐予的礼物，只要我愿意，就可以随时使用。因此，我会培养笑的习惯。

我微笑，我的头脑会更聪明；我开心一笑，重担就会减轻；我放声大笑，寿命就会延长。笑是长寿的秘诀。

我以微笑面对世界。

人们太拿自己当回事，所以我以笑自嘲，而不会让自己纠结。尽管人类是上天最大的奇迹，但我真的知道自己从哪里来，到哪里去吗？我现在所关心的事情，十年后再来看，不会显得愚蠢吗？为什么我要用今天的鸡毛蒜皮烦扰自己？白日诸般烦恼，在漫漫历史长河中，却又显得多么微不足道。

第7章
微笑面对世界

我以微笑面对世界。

当我受到别人的冒犯时,当我遇到不如意的事情时,我只会流泪诅咒,却怎么笑得出来?**有一句至理名言,我要反复练习,直到它深入骨髓,每当幽默要离我而去,它就会跃上心头。**这句话来自远古时代,并将陪我渡过难关,使我的生活保持平衡。这句至理名言就是:一切都会过去。

我以微笑面对世界。

世间种种到头来都会成为过去。身心憔悴时,我安慰自己,这一切都会过去;洋洋得意时,我提醒自己,这一切都会过去;穷困潦倒时,我告诉自己,这一切都会过去;腰缠万贯时,我也告诉自己,这一切都会过去。是的,昔日修建金字塔的人早已作古,埋在冰冷的石头下面,而金字塔有朝一日,也会埋在沙土下面。如果世上种种终必成空,我又为何对今天的得失斤斤计较?

我以微笑面对世界。

我要用笑声点缀今天,我要用歌声照亮黑夜。**我不再苦苦寻觅快乐,我要在繁忙的工作中忘记悲伤。我要享受今天的快乐。**它不像粮食可以贮藏,更不似美酒越陈越香。我不是为将来而活,今天播种今天收获。

我以微笑面对世界。

笑声中,一切都显露本色。我笑自己的失败,它们将化为梦的云彩;我笑自己的成功,它们恢复本来面目;我笑邪恶,它们离我而去；我笑善良，它们发扬光大。**我要用我的笑容感染别人，虽然我的目的自私，但这确实是成功之道，因为皱起的眉头会让顾客弃我而去。**

我以微笑面对世界。

从今往后，我只因幸福而落泪，因为悲伤、悔恨、挫折的泪水在商场上毫无价值，只有微笑可以换来财富，善言可以建起一座城堡。

我不再允许自己因为有地位、有头脑、体面、强大，而忘记如何自嘲，忘记笑对世界。**我要永远像孩童一样，因为只有做回小孩，我才能尊敬别人。尊敬别人，我才不会自以为是。**

我以微笑面对世界。

只要我能笑，就永远不会贫穷。这也是天赋，我不会再浪费它。只有在笑声和快乐中，我才能享受到劳动的果实。如果不这样，我会失败，因为快乐是提味的美酒佳酿。**要想享受成功，必须先有快乐，而笑声便是我心爱的姑娘。**

我要快乐。

我要成功。

我要成为世界上最伟大的推销员。

培训课 7：幽默感

那铭刻于潜意识的东西，终将变成现实。

通常，幽默感不会被视作重要的工作手段，除非你是个喜剧演员。但是，幽默在我的工作中是一笔财产。在销售行业，幽默感是推销员重要的法则，就好比驯狮用的鞭子。

幽默感不仅仅是会讲笑话，它和幸福感一样，是一种心态，是一种任何人都可以培养出来的生活态度。在学习如何增加幽默感的过程中，通过在生活中给他人传播欢乐，你会体验更多的自我成就感。

羊皮卷第七卷将会告诉你如何培养幽默感，更为重要的是，还可以证明幸福比任何物质财富都更具价值，幽默感则是通往这无价之宝的钥匙。

1 | 笑对身体的影响

"我微笑,我的头脑会更聪明;我开心一笑,重担就会减轻;我放声大笑,寿命就会延长。笑是长寿的秘诀。"

很久以前,号称最聪明的人的所罗门王就发现了一种我们现代人才刚刚开始理解的东西。他说:"快乐的心如同良药。"最近,美国心脏协会肯定了所罗门王的智慧之笔,至今仍很实用。

1998年,他们从一项研究中发现,如果能从压力和焦虑中释放,功效胜过锻炼和健康饮食。保持良好的幽默感非常重要,因为它使你从压力和焦虑中得到自由。

一个人的身体状况和销售有什么关系呢?很显然,如果你身体不够健康,你就不具备销售工作必需的精力和热情。

2 | 自嘲的能力

"人们太拿自己当回事,所以我以笑自嘲,而不会让自己纠结。"

自嘲的能力证明你可以接受自己的不足,也清楚表明你可以原谅自己,并且能与世上最重要的人保持良好的关系,那就是你自己。

因为错误是不可避免的,所以不能太较真。如果学会付之一笑,你将会享受迈向命运的每一步,甚至笨拙的一步。

3 | 笑对逆境

"为什么我要用今天的鸡毛蒜皮烦扰自己？白日诸般烦恼，在漫漫的历史长河中，却又显得多么微不足道。"

笑对逆境，展望明天。想象一下，如果有人威吓你，看到你汗如雨下、抖如筛糠的样子最为开怀，那如果你付之一笑，他就会丢盔弃甲。正所谓一笑解千愁。

4 | 一切终将过去

"有一句至理名言，我要反复练习，直到它深入骨髓，每当幽默要离我而去，它就会跃上心头。"

这句至理名言，让你不论遇到何种不顺利，都能保持积极向上的态度。我们所遇到的每件意外都是暂时的。

就比如说，推销员发现自己业绩下滑，一筹莫展，备感压抑，很可能会把这种情绪带入与下一个客户的会谈中。越沮丧，就会越发陷入困境，然后沮丧感加剧，形成恶性循环。唯一的解决方法，就是打破这种循环，让他认识到，一切都会过去。

5 | 时间太紧，无暇悲伤

"我不再苦苦寻觅快乐，我要在繁忙的工作中忘记悲伤。我要享受今天的快乐。"

心灵满是忧虑，忧伤接踵而至。让心灵充满正能量，多想想那些美好积极的经历和体验，多聊聊你那些快乐的感受，很快，你就会发现自己几乎没有时间沉浸于悲伤了。

6 | 欢笑让你正确地看待事物

"笑声中，一切都显露本色。"

客观的看待事物，还它们本来面目。无论是过于自大，为自己的成就洋洋得意，还是因挫折备感忧伤，同样有害无益。如果认识到成功不过是暂时的，就会笑对这一切；同样，对自己的挫折，也可以付之一笑，因为这也是暂时的。

7 | 笑为我用

"我要用我的笑容感染别人，虽然我的目的自私，但这确实是成功之道，因为皱起的眉头会让顾客弃我而去。"

在生活中传播欢笑和快乐给他人，是一件美好的事情。通常，人们无法将欢乐带给别人，是因为他们看不到其中的真谛。销售行业中有很充分的理由，让你不仅要学会自己欢笑，还要感染别人。原因是，人们乐意和自己喜欢的人做交易，喜欢给他们带来快乐的人。

笑，跟打哈欠一样，能蔓延和感染。微笑面对他人，对方也会报以同样的微笑。当你展露笑容，释放出正能量，会感染他人也做出同等响应。无须知道其中的原理，只需要知道一招奏效，然后不断加以利用即可。试着对别人微笑，最终他们也会报以微笑，就好像一种条件反射。

如果你微笑或哈哈大笑，你就会解除他们的防御心理。人们经常对推销员抱有防御心理，当你投之微笑，你就建立了一定程度的亲和力，轻松闯过客户防御系统的第一关。

8 微笑生财

"从今往后，我只因幸福而落泪，因为悲伤、悔恨、挫折的泪水在商场上毫无价值，只有微笑可以换来财富，善言可以建起一座城堡。"

幸福是生活中人人寻求的财宝，每当你把它送给一个人，你就是送给了对方一份珍贵的礼物。如果你的心不诚，大多数人都能察觉到。身为一个做正当生意的推销员，如果一项交易不能保证客户的最佳利益，一定不要做。即使你的微笑打动了别人与你合作，也要提供货真价实的产品和服务。

9 保持童真

"我要永远像孩童一样，因为只有做回小孩，我才能尊敬别人。"

花点时间观察下孩童的笑，他们罕有的天赋，就是能够在最重要的事情上，找到快乐。他们天生就会享受生活，因为他们无忧无虑，不像成年人那样顾虑重重。正是这种童真，让我们很容易感受到幸福，享受快乐。

让我们保持童真，不至于失去好奇心，拥有想象的魔力和成长的能力。如孩童那样生活，会感觉生活更加充实，而且快乐无比。

10 没有快乐的成功

"要想享受成功，必须先有快乐，而笑声便是我心爱的姑娘。"

成功却不快乐，就好比彩虹没有颜色，花儿没有芬芳，美食没有滋味。即使你拥有全世界，没有快乐，还是贫穷。但是，如果你除了快乐一无所有，你也是富翁。

如果你的工作允许，你就不应忘记你要追求的目标。记住，如果你付出了努力，得到的奖赏只是支票簿里的东西，那么你就是在贱卖自己。但是，如果快乐就是传说中彩虹尽头的那个金罐子，那么就尽你所能，让每一天都劳有所获。

实战练习：培养幽默感

The Greatest Sales Training In The World

下面的练习将帮助你在销售中学会更有效地使用你的幽默感。如果你觉得自己缺乏幽默感，这项练习可助你一臂之力。不仅帮助你增加说服力，还可以对你的生活的其他方面大有裨益。

有一点最重要也是经常被忽略的，那就是始终以顾客的心态为核心。也就是说，要打破顾客的心理防御体系，建立足够的亲善关系，让对方接受你的推销。这一步至关重要，因为，不以顾客为核心，他们就不会敞开心扉接受你的推销。

推销员往往沉醉于达成交易，所以经常会完全忘记的一个最基本的原则就是，在最初的联络中，如果你没有能让顾客感兴趣，那么你对他们来说，无异于一种打扰。记住这一点，然后再去接近你的顾客。以下就是七个以顾客为核心的方法：

1. 分享欢乐，你可以讲笑话，说故事，也可以是一个表情；
2. 赞美他们的外表，或者个人特质，当然了，一定要诚挚；
3. 提及一位共同的朋友或熟人，但记住不要议论人家；
4. 讨论一个双方都感兴趣的话题，例如工作或业余爱好；
5. 寻求他们对你产品和服务的意见建议；
6. 问一个问题，然后耐心听取回答；
7. 赠送礼物或产品小样，但不要用义务或责任捆绑对方。

为了增强你的幽默感，你可以每天进行练习，寻找日常生活中的幽默之处。去发现环境中光明的一面，你会感受到，光明的一面会变得越加明显。练习以下的方法，也可以帮助你搞定顾客：

1. 微露牙齿，莞尔一笑，营造一种轻松随意的气氛；
2. 露齿弯目，随时准备报以微笑；
3. 多看看欢笑时的面部表情和肢体语言；
4. 大笑之前可以先咯咯笑（要注意突然迸发的大笑会令人反感）；
5. 轻拍对方胳膊或肩膀（要慎用肢体接触）；
6. 言语轻柔，令人感到放松。

第 7 章
微笑面对世界

人物聚焦

保罗·J. 梅耶
（Paul J. Meyer）

保罗·J. 梅耶小传

保罗·J. 梅耶 25 岁的时候就已经是美国联合人寿保险公司的一名顶级销售代理。一个春天的早上，当他踏入位于佛罗里达州的公司总部时，发现那里全搬空了，办公桌、打印机、文件柜都不见了，甚至地毯也不见了。在打了几个电话后，他才知道原来公司负责人为了避免因一些可疑的业务被保险委员会关闭，在周末把公司搬离了美国。虽然梅耶完全可以置身事外，但诚信促使他主动承担了责任，梅耶把自己所有的积蓄都用来偿还债权人、为投保人提供保险以及为员工寻找新职位。这些诚信的举动保证了保罗·J. 梅耶以后的成功。

保罗·J. 梅耶小时候就对个人成长、发展和成功特别感兴趣，他将一步步实现预先设定的目标这一方法运用到销售中，在27岁时就成了百万富翁。他很快进入销售管理领域，并传授给公司员工成功销售的方法。

几十年来，保罗·J. 梅耶一直是个人和职业发展领域的领军人物。人们认为是他的前期努力，催化了现代个人成功励志业的诞生，他的培训资料、书籍、音像制品等创造了20亿美元的财税收入，他售出的培训资料被上百位作者引用转载，在60个国家出版发行，并被译成17种语言，还有一些在筹备计划中。梅耶获奖无数，他独一无二的世界观令他与其他伟人并驾齐驱，比如奥格·曼狄诺，他被誉为"终极企业家"。除了创办他的旗舰公司和成功动机研究所，梅耶还创建了领导力国际管理公司，并管理着将近40家其他公司。

梅耶创建的家族公司，业务横跨出版、教育、金融、保险、房地产和制造业等。他的最新力作包括《我继承了一大财富》(*I Inherited A Fortune*)和《弥合领导差距》(*Bridging The Leadership Gap*)。

与保罗·J.梅耶的一对一访谈

问：你是如何在销售行业开始工作的？

答：我记得第一次卖出东西是在我差不多12岁的时候，我挨家挨户卖杂志，包括《女性家庭月刊》(*Ladies Home Jornal*)等。我获得了几个国家级奖项。我喜欢售卖杂志的工作，喜欢和女性打交道，她们也喜欢我，那是我初试销售的感受。青少年时期，我买来旧自行车，并进行了改装，再把它们卖出去。我也喜欢卖水果，因为我有朋友在果园工作，我让他们沿着高速公路售卖。19岁的时候，我开始在乔治亚州哥伦比亚卖保险，第一年我为那家公司创下了一项国家级纪录。如果我早先对销售工作不感兴趣，那么这件事也足以吸引我。我喜欢帮助人们，并把能帮到他们的东西卖给他们。

问：多年来，你遇到的最大挑战是什么？

答：容忍思想消极的人群。还有一些人想尽办法给别人拆台捣乱，并喜欢到处宣扬。迫不得已去限制自己的聪明才智、创新精神和创造性，这会让我感到烦躁。如果有人喜欢这么做而妨碍别人的进步，我也很烦。

问：你的职业生涯中最杰出的成就是什么？

答：开办了成功动机研究所，站在了个人成就发展的前沿。另外，成为本行业培训项目最畅销图书的作者，是一件激动人心的事情。旗下公司能够比其他公司销售更多的个人成就产品，这也让我自己颇为自豪。

问：谁是对你最有影响力的榜样或导师？

答：耶稣基督是我最好的人生楷模，然后是我的父母，另外，还有一些我的老师，包括我一年级的老师麦考密克夫人。

问：你运用过的最有效的销售技巧是什么？

答：服务员的态度、服务员的思想和服务员的精神。无条件地爱他人。

问：请举例说明你是如何在现实生活中运用这一技巧的？

答：提出问题，并耐心倾听顾客的心声，找出他们真正需要的是什么。然后询问如何才能更好地满足他们的需求。

问：你给那些有抱负的销售人员最有价值的建议是什么？

答：了解本行业的基本内容，要有耐心，一步一个脚印，扎扎实实地打造自己的职业，在本行业中向最优秀的人学习取经，认清究竟是什么让他们成功。保持专注和毅力。

问：是什么让你有了现在的人生观？

答：我的生活经历告诉我，我要一直恪守现在的思想准则。

论奥格·曼狄诺的羊皮卷

我读过很多关于销售的书籍，奥格·曼狄诺以《世界上最伟大的推销员》开启了人们的智慧。遵循书中十卷羊皮卷成功法则的人，将不会失败。作者不仅仅是罗列出这些成功法则，还将它们编织进了一个个的真实经历中，非常吸引人。

我坚持认为，尽管十卷羊皮卷出版于1968年，但时至今日依然实用，而且人们从书中领略到的诚信精神，今天比以往更需要。

第 8 章
让自己的价值倍增

我要成为自己的预言家。虽然他们可能嘲笑我,但他们会聆听我的计划,了解我的梦想,这样我就会没有退路,直到兑现诺言。

羊皮卷宝训 8：
进取心

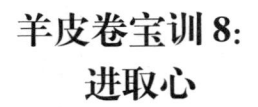

今天的我，要让自己价值倍增。

桑叶在天才的手中织出锦缎。

陶土在天才的手中建成城堡。

柏树在天才的手中筑成殿堂。

羊毛在天才的手中裁出龙袍。

如果桑叶、陶土、柏树、羊毛经过人的创造，可以使自身的价值提高成百上千倍，那么我们为什么不能使自己这块璞玉身价倍增呢？

今天的我，要让自己价值倍增。

我如同一颗麦粒，有着三种不同的未来。可能被装进麻袋，堆在畜栏里，等着喂猪；也可能被磨成面粉，烤成面包；还可能撒在土壤里，得以生长，直到金黄的麦穗上结出成无数的麦粒。我和麦粒那么相像，只有一点不同：麦粒无法选择是做猪饲料，还是被烤成面包，或是播种结出果实。而我有选择的自由，我不会让生命被糟蹋，也不会让它在失败和绝望的岩石下腐烂，任由他人摆布。

今天的我，要让自己价值倍增。

要想让麦粒生长、结果，必须把它种植在潮湿的泥土中，**我的失败、失望、无知、无能便是那潮湿的泥土，我须深深地扎在泥土中，等待成熟。如同麦粒在阳光雨露的滋润下，在和煦的微风中，发芽、开花、结果。我也要滋养自己的身体和心灵，以实现自己的梦想。**麦粒成熟，须等待自然季节时机，我却可以选择自己的命运，所以我无须等待。

今天的我，要让自己价值倍增。

怎样才能实现？**首先，我要为每天、每星期、每月、每年，甚至我的一生确立目标。**正像种子需要雨水的滋润才能破土而出，发芽长叶，我的生命也须有目的方能结出硕果。在制定目标的时候，不妨参考过去的辉煌，并发扬光大。我未来生活的目标，便以此为标准。我永远不担心目标过高，取法于上，得乎其中，取法于中，故为其下。所以，放宽视野，定高目标，才能取得令自己满意的成果。

今天的我，要让自己价值倍增。

高远的目标不会让我生畏，尽管在达到目标之前可能屡受挫

折。摔倒了，爬起来，我不灰心，因为每个人在抵达目标之前都会遇到挫折。只有爬虫不必担心摔倒，而我不是爬虫，不是洋葱，不是绵羊，我是一个人。让别人用泥土垒砌洞穴吧，而我要建造一座城堡。

今天的我，要让自己价值倍增。

太阳温暖大地，麦苗吐穗结果。这些羊皮卷上的话也照耀着我的生活，让梦想成真。

今天我要超越昨天的成就。我要竭尽全力攀登今天的高峰，明天更上一层楼。超越别人不算什么，超越自己才是最重要的。

今天的我，要让自己价值倍增。

春风吹熟了麦穗，也将我的声音吹往那些愿意聆听者的耳畔。我要宣告我的目标。君子一言，驷马难追。**我要成为自己的预言家。虽然他们可能嘲笑我，但他们会聆听我的计划，了解我的梦想，这样我就会没有退路，直到兑现诺言。**

今天的我，要让自己价值倍增。

我不能放低目标，这是罪过。

我要做的事，败者不会去做。

我的努力，不限于我的能力。

对我商场上的成就永不满足。我要百尺竿头，更进一步。

我要努力，让下一刻比此刻更好。

我要经常向世界宣告我的目标。

但我决不炫耀我的辉煌。让人们簇拥到我身边夸赞我，愿我有自知之明，谦恭受之。

今天的我，要让自己价值倍增。

一颗麦粒加倍繁衍，可以变成千株麦苗，如果把这些麦苗百倍培育，它们可以使世人得以饱足。**难道我不比一颗麦粒强吗？**

今天的我，要让自己价值倍增。

目标实现，我会继续努力，永不停息。

当这些羊皮卷上的话在我身上实现时，世人也会惊叹我的伟大。

培训课 8：自我完善

那铭刻于潜意识的东西，终将变成现实。

现在，让我们来谈谈本销售培训课程的关键问题。我曾提出，让销售业绩提高，为课程的有效性佐证。与其余九卷相比，羊皮卷第八卷所包含的原理更直接关系到如何提高销售业绩。在本课内容中，你将会学到如何提高你的销售业绩和个人收入。

前面阐述过让自己大有作为、价值翻番的方法，但有一种方法，任何人在任何情况下运用，都不会失手。这个神秘的方法就是报酬递增定律，其简单易行，却容易被一些人忽视，因为他们觉得成功是一项复杂的工程。然而，你将会看到，这个方法简单实用，可以增加你的收入，令你生活的其他方面也可以受益。

1 天才让价值翻番

"桑叶在天才的手中织出锦缎。"

不管你相信与否，你就是天才。但是，除非你相信自己拥有天赋，不然你就不会学习和利用你的才能。每一天都有 2000 个想法在你脑海中闪现，如果每一次你都依此行动，那你就是在运用自己的天才。每个行动都会产生一个回报，这些回报最终都会产生结果。

单纯运用你的创造才能，不关心过程，就像在暗夜中行走，迟早会触碰到东西。你只耕耘，不问收获，也不会知道收获的时机。本课将教你学会如何运用你的创造力去产生你想要的结果。

2 | 让价值翻番的潜能

"我如同一颗麦粒……"

人类是大自然的一部分，所以也要顺应大自然的规律。我们可以灵活选择运用一些自然定律，在动植物王国里自由活动。例如，动植物会繁殖，人类也会生殖，但人类可以控制生殖，这就是选择的事了。

现在，我们来谈谈收益递增定律，这是一条基本的自然规律，也是本课的重点。大自然中，每粒种子播下，都会成倍地收获。播种越多，收获越丰盛。所以，按照收益递增定律，我们付出的每项努力，都会有所回报和补偿。为了得到更高的回报，我们需要付出更多的努力。如此简单的定律，往往会被人们忽略。

大多数人只做分内的工作以得到报酬，尽管他们也想得到更多，但他们只会等待机会自己找上门来，要么等待更好的工作，要么等待升职加薪。他们认为，等机会来了再多做些工作。

收益递增定律则反其道而行之，这个定律告诉我们，多劳多得。

3 | 增产增收

"今天的我，要让自己价值倍增。"

我经常激励人们多付出些努力，但是通常我得到的回答很消极。"我能做的很有限"，要么就是"一天只有 24 小时"。鉴于这样的回答，我将给出两种方法，让你收获更多，不管你现在的本职工作是什么。

增产也就是付出更多的努力，这并不意味着增加你的工作量。你可以通过提高质量来实现你的目的。当你提高了产品或服务的质量，你就可以提高收费。你为客户提高了后续产品或服务的质量，就可以赢得口碑，增加客户数量。如果你做交易时，改善了服务质量，你会事半功倍。改善服务质量，能够加强你的能力，提高你的工作效率，这等于给你增加了时间，增加了创收的能力。

另外一个方法是扩大产品的数量，增加服务的内容。当今技术发达，电脑、软件、互联网、电子邮件等都可以物尽其用，这些都有助于你节约成交的时间，增加成交的数量。

4 | 修身养性

"如同麦粒在阳光雨露的滋润下，在和煦的微风中，发芽、开花、结果。我也要滋养自己的身体和心灵，以实现自己的梦想。"

有些人追求物质上的成功，他们会坐收渔利，袖手旁观，其他什么都不管。这不是成功，这是自戕。一旦停止成长，等待的只有死亡。大自然的规律就是如此，所有生物都无法逃脱，人类也不例外。我们应当清楚这一点，修身养性才能保证我们的发展，而且不可或缺。销售是一项需要体力的工作，身体不佳会限制你能力的发挥，无法奔向目标。所以，适当饮食，锻炼身体，有助于你发挥身体最大的潜能。

运用知识技能，开动脑筋，才有利于社会和经济的发展。加强头脑的思考能力训练，只需每日就本职工作多吸纳各个行业的相关信息，给自己的大脑加餐。培养好品位，读书、听录音带、看视频、杂志，等等，都可以帮助你实现梦想。

有些知识未必直接和你的生意有关，但也要学习。阅读有关健康、金融、人际关系以及其他领域的书籍，可以开拓你的视野，令你的思路更加清晰，放飞心灵，更好地处理生活中的问题，这样你就可以更有效地追求你的梦想。

5 处理目标确立的问题

"首先，我要为每天、每周、每月、每年，甚至我的一生确立目标。"

确立目标是一个人通往成功最有力的工具。大多数人目标泛泛，你需要确定完成清晰的目标及其步骤所需的时间，不然，就无法完成。确立目标，就仿佛你通往成功天梯的每一级阶梯、每一个步骤。如果你按部就班，造出这些阶梯，最终会爬上成功的顶端。

6 为失败做好准备

"高远的目标不会让我生畏，尽管在达到目标之前可能屡受挫折。"

经过努力却不能实现自己的目标，大多数人会害怕重试。仿佛从马背上摔下，不敢再次跨上马鞍，你就学不会骑马。害怕摔下，会耽于平庸。最好的出路就是，要认识到每次你的目标定得过高，你就是在给自己准备挫折。

每次确立目标，都会促使你更上一层楼。你需要竭尽全力，提高能力。为了达到下一个目标，你有可能一开始就会跌倒，但是，如果你坚持尝试和努力，你很快就能胸有成竹，通往下一站。

一旦意识到挫折、错误、暂时的跌倒本就是过程的一部分，你就不容易气馁和放弃。也许你会因害怕而放慢步伐，但是无须因此而放低追求的目标。在成功的道路上摔倒，不等于失败，除非你不打算再度重来。

7 | 超越自我

"超过他人不算什么，超越自己才是最重要的。"

在竞争中奋斗，超过他人，对自己的进取其实是有害的。有些人看到优秀者所取得的成就会想："总有一天我也会如此，因为我比他强。"这样的思维其实是有害的，因为这种想法不过是让你自己通过优越于他人的假象来寻求自己的价值。这种态度，造就的是嫉妒、仇恨和敌意。即使你超过了其他人，你也会因生活中的其他不如意而灰心丧气。

努力只是为了超过他人，会让你错误地看待自己的进取。我们看到的是优秀者的结果，却没有看到他们投入的时间精力有多少。

保障你不断进取最安全最有效的方法，就是以过去取得的成绩作为新的起点。如果你现在的业绩比过去涨了一个百分点，就是取得了显著的进步。超越自己能够让你看到自己的进步，同时培养一种自我赏识的态度、自信的心理、高度的自尊，你就可以品尝成功的甘醇。

8 运用预言的天赋

"我要成为自己的预言家。虽然大家可能嘲笑我，但他们会聆听我的计划，了解我的梦想，这样我就会没有退路，直到兑现诺言。"

预言就是预告未来将要发生的事情，不仅仅意味着你所想的会成真。它是一种宣告，你知道的事情会发生。你许下的诺言，如果你真心想要实现它，那就是预言。

不要惧怕宣告你对未来的设想。如果向众人宣布，你就会有一种使命感，有一种积极的压力感，使自己更努力奋斗，以实现预言。找出一个你能够宣告的目标，当作一个预言，告诉所有的人，点燃你的激情，下定决心坚持，让目标实现。

9 平庸之罪

"我不能放低目标，这是罪过。"

抢劫是很明显的犯罪，而辜负了宝贵的天赋和潜能，换取庸庸碌碌的过活，虽然没那么明显，也是一种罪过。尽管人们认为抢劫的罪更严重，但是贱卖自己，等于剥夺了为人类造福的珍宝。这样的人剥夺了家人和朋友本应分享的益处，剥夺了自己人生中本应实现的成就。

目标定得过低，法律上没有明文规定是犯罪，但依据生活中的普遍规律，这就是犯罪。

10 | 把人类比作植物
"难道我不比一颗麦粒强吗？"

如果植物的生命力可以令其价值翻倍，那么人类当然也应该让他们的价值翻番。人类与植物之间有许多有意思的类比，但是，和植物不同的是，人类有能力选择自己的命运，是身价百倍，还是单纯的生老病死。这种选择的能力，使你比植物高贵，具有更大的优势，你的能力可以顺从你的意志，让你的价值翻番。

詹姆斯·艾伦（James Allen）在他写的《做你想做的人》（*As a Man Thinketh*）一书中描述道，人类可以把控自己的思维，让它在心里扎根，决定自己的收获多少。继而又说，如果我们不能把控自己内心的思想根源，我们的人生将会长出无用的杂草。妥善有效地处理内在思想根源，令其有所收获，能让你第一时间阻止那些无用的杂草生长出来。

本课的意义在于，提供给你足够的洞察力，发现如何让自己的价值翻番的秘诀，提高你的收入。现在，你所做的事就是付出额外的努力，开始播种。不要坐等机会，要创造机会。你周围的世界宛如一片沃土，种瓜得瓜，种豆得豆。想获得未曾有过的受益，那么就改变你播下的种子。

实战练习：不断进步

提高销售的效益，就是我们的培训课程立竿见影的效果。但是，即使你拥有所有秘诀，不付诸实践，也毫无价值。所以，如果进行下列练习，你的效益将会增加。

创意是价值的源泉，将良好的创意付诸实践，就能赚得盆满钵满。观察你的周围，我们花钱购买的那些东西，无不源自创意。比尔·盖茨是世界上最富有的人之一，他获得财富的方法就是出售自己的创意，只不过是融合在他的软件里。尽管这些创意一开始并不体现在物质财富上，但你应该认识到它们的内在价值。

有些人不遗余力寻找一枚从口袋里掉出去的硬币，或者从路上捡起一枚硬币就当作宝贝。当有价值的创意从你心底升起，或者你突发奇想的时刻，你应当重视起来，把这些闪光的思想火花当作真金白银，因为创意就是金钱！

仔细考量你的思想火花，直到它渗透进你的意识，让你坚信不疑。记住这点：金钱仅仅是一个交换的媒介，也就是说，金钱的价值在于它所换来的东西。同样，你的思想火花也是一种交换的媒介，因为一个创意的价值也在于它所换来的一切。

你也许会想创建一家创意银行，在那里储存你那些可以无限增值的创意。你可以找一个笔记本，专门用来记录你的思想火花和创意。

培养一个经常记录每日划过你心头的思想火花的好习惯。每周，回顾一下这些想法，把其中最有价值的存起来，写到一张特定的页面上。每个月，回顾这些最精彩的部分，挑选出本月最佳创意。这个过程会帮助你在每一年里积攒至少 12 个优质创意。

下面有几个创意的来源，供你存进你的创意银行：

1. 做一个建议箱，人们可以私下提交创意；
2. 在家或办公室放一个公告板，大家可以公开自己的想法；
3. 主办一场献计献策讨论会，围绕一个主题进行讨论；
4. 就一个问题有奖征集优秀创意；
5. 从朋友、家人甚至顾客那里搜集建议；
6. 在床头挂一个记事本，以便快速记下临睡前突然闪现在脑海中的想法。

挑选最好的创意，运用到工作中去，把其他的创意完好保存起来。有些想法现在你还没用上，但将来也许就有巨大的价值。

第 8 章　让自己的价值倍增

人物聚焦

安东尼·罗宾斯
（Anthony Robbins）

安东尼·罗宾斯小传

19 岁时，安东尼·罗宾斯就取得了令很多人艳羡的成绩。个人月收入从 5000 美元增加到 10 000 美元，成为他所在行业中有名的"奇迹男孩"。

后来，由于忽略了继续努力执行所学到的成功法则，安东尼的事业遭到打击，仿佛一夜之间发现自己爆肥，重了 38 磅。他沮丧压抑，几乎一无所有，精神状态不佳，感情上也无法接受这一切。但最终，他静下心来，潜心学习常胜不败的法则。安东尼观察成功人士的生活，他发现了"个人能力（就是坚持不懈朝着目标努力的能力）"是他丢失的那把钥匙。这个发现让安东尼不断运用他的个人能力，取得了令人瞩目的成功。在过去的20年间，他运用个人能力，不间断地帮助很多单位或个人成功逆袭，创造了可观的成绩，取得了全美最重要的权威心理学成就，帮助个人、职业和单位的事业逆转。1997年，他被国际工农商会授予"世界杰出人士"奖，被誉为给一代人带来重大影响的人物之一。

取得事业成功的人们，会要求安东尼·罗宾斯带领他们更上一层楼。安东尼一直为那些财富500强企业的CEO们做顾问，他的顾客还包括两个皇室成员，从NHL到NBA的体育团队，从安德烈·阿加西（Andre Agassi）到格雷格·诺曼（Greg Norman）的职业运动员，优异的学生、非凡的父母，以及美国总统。

他能力卓越，不管在多么令人气馁的情况下，他都能制定出一整套方法，效果立竿见影。许多人在生活中遭遇挑战的时候，都会寻求安东尼·罗宾斯的帮助，问题也是各种各样的：压力、挫折、孤独、人际关系紧张、财政问题、身体健康不佳、生活管理技能，等等。

安东尼·罗宾斯是一位畅销书作家，他的教育音频《个人能力》（*Personal Power*）的销量首屈一指，超过3000万录音带被一售而空。作为一套专业的个人生活和职业发展体系，该课程一直被世界各地的人们采用。他的听众也很广泛，从英国议会到哈佛大学商学院都有其听众。

第 8 章
让自己的价值倍增

20 年来,安东尼·罗宾斯奉献了他的一生,关怀、教育和激励他人,并提供了各种重要资源,以及具体的方法和工具,帮助那些处于困境中的人,如流浪者、老年人、囚犯和老城区的青少年。他为国际上的非营利机构提供了无数的奖学金、产品和课程,供他们使用。他的安东尼·罗宾斯基金会就是一个非营利机构,在过去的几年里,为 200 多个城市超过 25 万的人口提供了帮助。

与安东尼·罗宾斯的一对一访谈

问:你是如何在销售行业开始工作的?

答:(编辑人员整理)1978 年,18 岁的时候,安东尼根据一份广告找了份工作,广告上说"做一名培训经理,每周可以挣到 500 美元,不必有工作经验"。安东尼想,自己就是做管理的料,于是去珍珠音乐公司申请了这份工作,之后成为一名推销员,挨家挨户推广珍珠音乐俱乐部会员卡。

有一天晚上,一位男士说他是口才最好的推销员,他应该利用这个才能去改变人们的生活。安东尼说:"好啊,这就是我的长远目标。"于是,那位男士告诉安东尼有一位很棒的演说家叫吉姆·罗恩(Jim Rohn),可以带他入行,他应该拜访一下。安东尼简直不敢相信自己的耳朵,他曾经参加过罗恩的培训会,很想为这位演说家工作。这位男士就是罗恩的好友,他邀请安东尼以客人的身份参加罗恩的培训会。

几周后,安东尼来到南岸广场酒店,参加罗恩的培训大会,但是没有人认识那位给他邀请票的男士。最后有一个人说："嘿，我知道你说的是谁，但是他并不认识吉姆·罗恩啊！"尽管如此，他们还是让心情激动的安东尼进入了会场。安东尼参加过罗恩的培训会，他了解这种会议的大致内容。他坐在那里，讲师还没讲完，他就知道了罗恩的那些话语。会议中途休息时，他走到罗恩面前，告诉罗恩他想为其工作，罗恩说："年轻人，你完全可以，你要做的就是投资购买我们的产品。"当时需要1200美元，可是罗恩没有这笔钱。

他相信，人们总会美梦成真的，于是他去银行要求贷款。最终，他说服了西科维纳美洲银行的一名工作人员，拿到了这笔贷款，买下了罗恩的产品，得到了这份工作。

然而，珍珠音乐公司并不想让安东尼有两份工作，也不乐意他把罗恩的产品推销给他们的音乐客户。

安东尼依然我行我素，他刚开始干就有些起色，第一个月挣了3000美元。他回到音乐公司参加最后一次会议，一副衣锦还乡的样子，满脸自豪。但是人们却为他担心，他告诉他们没事。他所从事的工作是自己喜欢的，他在帮助人们，他每个月可以挣到3000美元。

问：多年来，你遇到的最大挑战是什么？

答：不管你准备得多么充分，有一件事都要保证：假如你的人生是一条大河，你可能要遇到几块暗礁，这是肯定的，但这并不可怕。关键是，当你为此搁浅的时候，不要因为失败受到打击，记住，人生没有什么失败，只有结果。如果你没有得到你所期待的结果，吸取这个教训，作为参考，以便将来做出更好的决策。很多人都不想遭遇挑战和困难，但是，攻克难关可以塑造你的性格，让你更好地成长。

说到这点，我有过不少塑造性格的经历。例如，有一次，我发现有人在我们公司贪污公款，让我们欠下了756 000美元的债务。我没有把重点集中在问题本身，而是考虑长远的解决办法，不单单为解决一个问题，而是保证将来不再发生类似事件。专家建议我宣布破产，但我拒绝了，我甚至不去考虑这个办法。从那时起，我的公司每年都创下盈利的新纪录，今年我们可以有30万美元发放给员工作为奖金分红。

每次我遇到苦难，我都自问一系列的问题：

1. 我能从这件事中学到了什么？
2. 这件事的好处在哪里？或这件事是否有益处？
3. 还有哪些做得不完美的地方？
4. 我怎么样做才能让它顺应我的心意？
5. 有什么我不想做但是能让它合我心意的？
6. 采取一些必要措施令其满足我的意愿，我如何做才能让自己心情愉快？

问：你的职业生涯中最杰出的成就是什么？

答：成绩对我而言，是继续前行的动力，是一个机会。当你为他人提供正能量服务的时候，你也可以在情感、人际、精神、身体和心灵方面不断成长。

我的生活总是在帮助别人，创建非凡的生活质量，我目前的问题是，找到最好的交通工具，接触尽可能多的人群。众多机会找上门来，我为将来的许多可能性激动不已。比如，我是联合国卫生和科学理事会咨询委员会的成员，这给我提供了一个平台。我有诸多新的想法，在新的世纪里，可以最大限度地帮助个人、团体甚至国家。而这些想法的核心就是，人们心中有某种力量，它是如此强大，一旦释放出来，便势不可挡，可以用来建造他们理应拥有的非凡人生。

问：谁是对你最有影响力的榜样或导师？

答：有很多杰出的人们，我在生活中和他们都接触过，比如以下这几位。

1. 吉姆·罗恩，他是我第一个老师，他教我认识到，最重要的事情不是你的所得，而在于你在这个过程中的蜕变。
2. 理查德·班德勒（Richard Bandler）和约翰·格林德（John Grinder），他们是神经语言程序学（Neuro Linguistic Programming，NLP）的创始人，他们让我认识到，迅速改变一个人不但是可能的，而且有很多具体的方法和策略可以创造出这种变化，并使之长期有效。
3. 我的岳父塞西尔·比格斯塔夫（Cecil Biggerstaff），是一个非常温和的人，他知道生活中的点滴足以促成巨大的变化。我们的生活就是由许多微小的时刻组成的，如白驹过隙，如果你不抓住它们，会错过许多机会。

4. 我的家庭温馨欢乐，让我的生活充满激情，我的妻子贝基和我的孩子们——泰勒、朱莉、乔什和贾丽珂，是我永远的楷模，他们给我无条件的爱和源源不断的快乐，让我精神振奋。我从他们那里学到了很多，能拥有这样爱我的家人，是神的恩典。

另外，我有很多摘自历史上伟人们的名言，我最喜欢的是纳尔逊·曼德拉（Nelson Mandela）的：

我们最害怕的不是我们不够强大，

我们最担心的是我们的能力不可估量。

让我们惧怕的是光明，不是黑暗。

我们问自己，我是谁，能聪明绝顶，气质不凡？

事实上，你有什么事不能成就呢？你是神的孩子。

你奉献太少，就不能为世人服务。

没有什么能让你畏惧和退缩，这样人们才会觉得你安全可靠。

我们生来就是为了彰显神的荣耀。

因为神的荣耀就在我们的心里，不是只给了一部分人，而是给了每一个人。

当我们让自己发光发热，我们就无意识地让他人也同样发光发热。

当我们从惧怕中释放，得到自由，我们就自然能使他人得以释放。

问：你给那些有抱负的销售人员最有价值的建议是什么？

答：成功人士有一种独特的专注力，他们能够坚持下去，直到这种专注力把他们送上巅峰。各行各业的成功人士都懂得不断追求目标，即使成功的雏形还未乍现。成功不是凭运气得来的。有很多赖以坚持的、合情合理的方法，以及具体明确的达到成功的途径，都在我们的能力范围之内。那些成功人士共同的特征就是会付诸行动。究竟是什么让他们每天都能够投入所有的时间精力专心致志呢？

确实存在成功的性格因素，更重要的是充实感，这是每个人自己培养起来的。每个人必须独立养成这些性格特征，我称之为能力美德。不断地利用这些美德，可以创造出非凡的生活质量。其中几项美德，我认为是最重要的，我在个人生活中不断加以利用：决策能力、忠诚、中庸、勇气，还有激情。激情给生活增添了活力、动力和意义。没有激情，任何伟大也成就不了伟大，不论是运动员，还是艺术家、科学家、家长、商人，都是如此。激情能够把挑战转变为巨大的机遇。激情是一匹奔腾的马儿，将我们的生活更快地带向下一步。

论奥格·曼狄诺的羊皮卷

奥格·曼狄诺是激励大师。他的书影响了亿万人的生活，具有积极的作用。《世界上最伟大的推销员》里的十卷羊皮卷，无疑深刻地阐述了成功人士取得销售成功所需的素质。

第 9 章
现在就开始行动

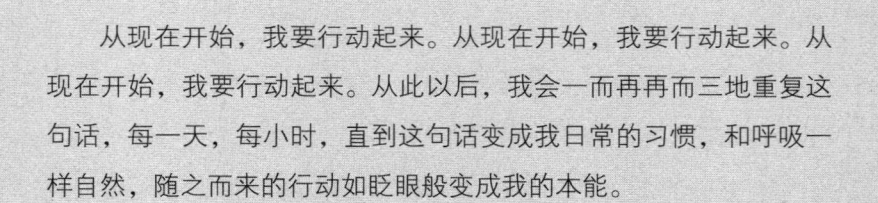

从现在开始,我要行动起来。从现在开始,我要行动起来。从现在开始,我要行动起来。从此以后,我会一而再再而三地重复这句话,每一天,每小时,直到这句话变成我日常的习惯,和呼吸一样自然,随之而来的行动如眨眼般变成我的本能。

羊皮卷宝训 9：
行动

我的梦想毫无价值，我的计划渺如尘埃，我的目标不可能实现。

不付诸行动，一切都没有价值。

从现在开始，我要行动起来。

一张地图，不论多么详尽，比例多精确，它永远不能带着它的主人在地面上移动半步；一个国家的法律，不论多么公正，都不能阻止犯罪；任何宝典，即使是我手中的羊皮卷，永远不可能自己创造财富。只有行动才能使地图、法律、宝典、梦想、计划、目标具有现实意义。**行动，像食物和水一样，滋养我迈向成功。**

从现在开始，我要行动起来。

拖延，使我裹足不前，源于惧怕心理。现在我认识到，行动

第 9 章
现在就开始行动

是秘诀，蕴藏在每一个勇敢的人的心中。**我懂得了，唯有行动方能战胜恐惧，我心里的乌云才会散去。我也懂得了，行动会让狮子般的恐惧化作蚂蚁般的平和。**

从现在开始，我要行动起来。

从此以后，我会牢记：萤火虫只有飞起来、动起来，才能产生光亮。我要变成一只萤火虫，就算是在白天的阳光中也能看见我发光。他人愿做蝴蝶，扑棱着翅膀，去祈求花朵的施舍。而我愿做萤火虫，让我的光照亮世界。

从现在开始，我要行动起来。

我不会逃避今天的责任，我不会把今天的事情推到明天，因为我知道明天永远不会来临。让我现在就开始行动，即使我的努力带不来幸福，带不来成功，但即使失败了，也胜过踟蹰徘徊、无所事事。实际上，幸福不一定是我采摘就能得到果实，但是没有采摘的行动，果实只能腐败在藤蔓之上。

从现在开始，我要行动起来。

从现在开始，我要行动起来。从现在开始，我要行动起来。从现在开始，我要行动起来。从此以后，我会一而再再而三地重复这句话，每一天，每小时，直到这句话变成我日常的习惯，和呼吸一样自然，随之而来的行动如眨眼般变成我的本能。用这句话，调节我的心态，并付诸行动，通往成功。用这句话，调节我的心态，迎接所有的挑战，失败了也不害怕。

从现在开始，我要行动起来。

我会一而再再而三地重复这句话。

每天醒来，我就会说出这句话，跳下我的床铺，而失败还要睡上一小时。

从现在开始，我要行动起来。

当我开始推销的时候，我要说出这句话，并且立刻面对我的客户，而失败却在惧怕可能会发生的拒绝。

从现在开始，我要行动起来。

当我面对一扇关闭的门时，我会说出这句话，然后伸手敲门，而失败却在外边等待，心怀惧怕和不安。

从现在开始，我要行动起来。

当我面临诱惑时，我会说出这句话，并且立刻行动，让我远离魔鬼。

从现在开始，我要行动起来。

当我受到诱惑想要放弃，推到明天再开始时，我会说出这句话，并且马上开始下一个交易。

从现在开始，我要行动起来。

只有行动才能决定我在商海的价值，才能让我的价值倍增，所以我要多多行动。失败害怕前行，我偏要前行；失败想要休息，我偏要继续工作；失败喜欢沉默，我偏要发声；失败有宏大的计划却只打一个销售电话，而我要打 10 个。我要赶在失败的前面，当失败还未说出"太晚了"，我就宣布"大功告成"。

第 9 章
现在就开始行动

从现在开始,我要行动起来。

我拥有的就是现在,把明天留给懒惰的人,我不属于懒惰。明天邪恶会变成善良,我不属于邪恶。明天弱者会变强,我不属于弱者。明天失败会变成成功,我不属于失败。

从现在开始,我要行动起来。

狮子饿了要吃肉,老鹰渴了要饮水,如果没有行动,它们都会死去。

我渴望成功,我渴求幸福和心灵的安宁。没有行动,我就会在失败、痛苦和无眠的夜晚里沉溺。

我要控制我自己,我会听从我自己的命令。

从现在开始,我要行动起来。

成功不等人,如果我拖延,它就会移情别恋,永远离开我。

天时,地利,还要人和。

从现在开始,我要行动起来。

培训课 9：即刻行动

那铭刻于潜意识的东西，终将变成现实。

你已经了解到了要付出很多努力才能成为一名成功的推销员。在读此书之前，有些道理也许你早就明白。尽管如此，你必须承认，有些努力你还没有付出，而你明明知道应该做什么。这是为什么呢？是否还是因为"拖延"二字？

拖延是个通病，并不只是你一个人有。但是，成功人士行事与此相反，这就是成功人士和失败者之间最大的差异。非凡之人的非凡之处在于，他们会去做"额外"的事情，而这些事却容易被一般人所忽略。

美国的自由企业制度专为奖赏那些自觉做事的人，所以专心阅读羊皮卷第九卷，它将会促进你的积极性，帮助你更好地了解拖延症的原因和疗法，治好拖延症。

1 | 白日梦毫无价值

"我的梦想毫无价值，我的计划渺如尘埃，我的目标不可能实现。不付诸行动，一切都没有价值。"

梦想仅仅是美好的愿望或幻想。但是，你可以做出选择，让你的身体和心灵臣服于你的梦想，让梦想具有生命力。当你为实现梦想而生活，就仿佛着了魔一样，你的每一个行动都将梦想的一部分化作现实。

同样，如果我们屈服于恐惧，噩梦就会化作现实。但是，不管是美梦还是噩梦，你的行动都可以决定它们的命运。

2 | 行动是成功的催化剂

"行动，像食物和水一样，滋养我成功。"

你已经拥有创造成功所必需的原材料，你的梦想就是种子，你行动的能力就是必需的营养，可以让梦想的种子结出果实，尽管耕耘与产量往往不成正比。

人们常常忙于事务，好让自己的心灵充实，以忘却生活中的不如意。对他们而言，忙碌就像药物，可以逃避现实。他们躲藏在充实的假象背后，这样世人就会以为他们在快乐中为重要的事情忙碌。

你的人生好比一块田地，蕴藏着无限可能。如果你专注于耕耘成功，成功就会枝繁叶茂。如果你想在生活的某方面成功，那你必须每日用行动给予滋养。如果有些不如意的事情出现在你的生活中，只要将其尽早去除，不要再滋养它们，看着它们逐渐枯萎和死亡。成功近在咫尺，只需奋发图强。

3 | 拖延的原因

"拖延，使我裹足不前，源于惧怕心理。"

我们喜欢拖延的原因之一，是因为我们害怕看到不符合心意的结果。

你的惧怕基于多种原因。只有你自己可以消除惧怕心理的源头。但是，发现惧怕的源头更重要，你的当务之急是要了解，究竟是什么让你产生这种心理。惧怕形成于心中的假象，是对未来的估测。

越了解惧怕的本质，越容易看清惧怕的真相。惧怕，不过是一副假象，是你心中对不愿发生之事的描绘。你只需换下这副假象，不要让它控制了你的思想，这样就可以解除你的惧怕心理。

4 | 克服恐惧心理

"我懂得了，行动方能战胜恐惧，让我心里的乌云散去。"

你完全有能力改变恐惧的假象给你带来的感受，只需略做改变。想象一下，当一阵狂风吹过，你能感觉到风在猛吹你的头发、脸颊，让你的衣服沙沙作响。狂风肆虐，让你的眼睛无法睁开，让你难以呼吸。这时候，转身背对，就可以止住难受。风仍强劲，而你仅仅转身，就已开启新的感受。

同样，你可以在心中翻转而改变那副假象给你的感受。无需更多的想象力，即可看到积极的一面，而不是消极的一面。两者都不真实，但你看到的那一面却可能幻化成真。

5 克服恐惧

"我也懂得了，行动会让狮子般的恐惧化作蚂蚁般的平和。"

直接采取行动，干些实事，就可以阻止恐惧在你心中肆虐蔓延，这也是最有效的方法。恐惧聚沙成塔，行动可以将之打回原形。

花点时间思考，看看生活中的哪一部分让你惧怕。也许是生意，也许是一段关系，也可能是健康状况。现在，思考一下你可采取什么行动来减轻你的恐惧。经常采取行动，让恐惧烟消云散。

6 明天的神话

"我不会逃避今天的责任，我不会把今天的事情推到明天，因为我知道明天永远不会来临。"

父母常常用明天的允诺打发孩子，实际上并不想实现诺言。"明天"父母常常这样说："明天，我保证。"父母很明白，让他们做出明天允诺的理由就是逃避今天。家长们也很天真，他们以为孩子会买账，第二天就会忘得一干二净了，这样就可以躲避责任。

但是，孩子不是那么容易健忘的，他们只能忍受诺言被毁的痛苦。如果这个方式一直持续，孩子就对家长的话不当回事了。同理，如果我们也开空头支票，逃避今天的责任义务，我们会连自己也不相信了。

不要把重要的事情拖到假定的时间，现在就开始做，你能拥有的，唯有今天。

7 养成行动的习惯

"从现在开始，我要行动起来……我会一而再再而三地重复这句话……直到这句话变成我日常的习惯，和呼吸一样自然，随之而来的行动如眨眼般变成我的本能。"

要身体行动起来，大脑必须发出信号，传递给肌肉，刺激肌肉做出反应。不论大人小孩，这个过程都无须思考，自然而然。

但对于婴儿来说就不一样了。他们集中精力，颇费力气地伸出手来，去抓取一件玩具，或把奶瓶移到嘴边。练习几个月后，曾经的挑战，变成了第二天性。

因此，培养行动的习惯也是如此。你必须通过反复训练行动，把这个信息传递到你的潜意识里。练习一段时间后，你就会形成一定程度的自觉性，也许这是你曾可望而不可即的东西。

每次只要你想推迟做一件事，你就要重复这句话："从现在开始，我要行动起来！"不需分析这件事是否值得推迟，不需操心你是否可以完成，只需重复这句话："从现在开始，我要行动起来！"很快，你就会感到迫切需要完成它。最终，你不断练习这个过程，就会发现，和那些婴儿一样，曾经视为挑战的困难事，现在变成了你的第二天性。

8 调节成功的心态

"用这句话，调节我的心态，并付诸行动，通往成功。"

投入时间和精力来调节好身心，是聪明的做法。有些人不遗余力地调理他们身体的各个器官，却忽视了一个最重要的部分，那就是心灵。

尽管你会说："我受过教导，可以调控我的心态，我读些东西，甚至玩个字谜游戏就可以。"但这不是我所说的调节，我说的意思是，针对各种各样的情况，培养一个标准的神经反射或者行为模式。行动反射就是调控心灵、走向成功的工具。

一遍又一遍地重复这句话，并不能让你成功，但是能让你的想法化作你潜意识里的一部分，逐渐调控你的行为模式，创造成功。

9 行动决定你的价值

"唯有行动才能决定我在商海中的价值，才能让我的价值倍增，所以我要多多行动。"

你的净价值不能决定你在周围环境中的价值。对你的顾客和客户而言，你的价值是由你带给他们生活的益处决定的。对于口渴的人来说，一杯冰水绝对没有价值，除非他能喝到。同样，尽管你可能拥有巨大的潜力，不加以利用为他人造福，那你在商场上就没有价值。

我们索取的并不能增加我们的价值，我们所给予的才能。

每个行动好似一粒种子，每个行动产生的响应，好似一株植物，最终都要开花结果，得到收获。如果你期待更丰盛的收获，那么你需要增加你的行动，播撒更多的种子。

10 | 渴望促使你行动
"我渴望成功，我渴求幸福和心灵的安宁。"

有一次，我听一位部长讲过一件事，有一位年轻的美国土著男孩，他非常渴望成功。他从周围人那里寻求建议，他们告诉他："你应该去和住在深山老林的那位智叟谈谈。"这位男孩动身走了好几天，最后遇到了一位老人，安详地坐在门廊的摇椅里，背后是他高大豪华的宅邸。"我来讨教成功之道，他们告诉我您可以给我讲讲。"男孩对老人说道。老人默默起身，不动声色，慢慢走过男孩的身边，一直走到山下流动的小河边。男孩看着老人走入水中，水没过他的膝盖，又到腰间，然后齐胸。老人举起手示意男孩跟他入水。

男孩走过去，老人把手从男孩的后面伸过来，把他的头按入水中，几秒钟后，男孩试图从水中抬起头来，老人紧紧按住不让他动。男孩使劲挣扎着要呼吸，老人这才放开他。男孩跳上岸，大口吸气，他冲老人喊："老头子，你疯啦？我以为你要给我演示成功之道呢。"老人从水里走上来，平静地回答："如果你非常渴望成功，就如刚才你极力想要呼吸那样，那么成功就属于你。"

实战练习：培养行动的习惯

下面的练习专门为帮助你加强行动能力而设计。因为我们知道所有的行动并不都能产生相应的结果，就让我们集中精力在几个特定的方面吧。在以下几个方面，只要你行动起来就会产生相应的益处：

- 打电话：打电话之前，先要了解你要说的话以及你希望的结果；
- 保证联络：尝试预先在同一区域内多安排几个联络；
- 发送信函：只要有可能，就用书信的形式，或者数据库合并的方式；
- 关于成交：减少每次交易的时间，增加交易的次数；
- 求引荐：把求人引荐当作交易的一部分，开始下一个过程；
- 做好随访：创建一个随访系统，可以获得多个生意或者得到引荐机会。

针对上述每项任务，都要保证做好以下三件事：

1. 留出一个具体的时间，定期完成任务；
2. 确立一项可衡量的目标，作为你想得到的结果；
3. 用笔记录下你所创造的结果，努力改善你的记录；

针对以下八个方面，采取适当的行动将会增加账面利润。运用你的创造力，制订一个适用于特定情况的行动计划：

- 削减开支：制定出一个方法，以减少每次交易的开支；
- 减少周转时间：减少配送时间，但不要降低产品和服务的质量；
- 增加顾客：扩大你的圈子，增加你的影响力；
- 增加首次购买量：创建成套交易，增加首次成交的数量；
- 提高商品价格：提高感知价格，可以产生丰厚的回报；
- 发放优惠券：给客户发放优惠券，购买时可以使用，否则就会失效；
- 搞特卖活动：卖得慢的产品或服务，可以搞促销；
- 建立一个联系网：和有关行业或无关行业的人们交换信息。

博恩·崔西在他的《销售中的心理学》(*The Psychology of Selling*)一书中，提出一项极有建设性的建议，以增加个人生产效益。你可以列出一系列办法，用来解决某个问题，或者阐述一个你正在解决的问题。崔西先生建议，在一张纸上写出20条想法，用这个过程来拓展你的思路，准备最后阶段的行动。

写下 20 项可以采取的行动，来增加你的销售利润或个人收入。这里有些方法你如果想用，也可以试试。列完这些想法，你可以按照下列的时间周期，写下你要采取的一项行动。注意难度适当，适合所制定的时间周期。

今天你要采取的行动

___

本周你要采取的行动

___

本月你要采取的行动

___

本年度你要采取的行动

___

人物聚焦

博恩·崔西
(Brian Tracy)

博恩·崔西小传

博恩·崔西出生在加拿大，在美国加利福尼亚州的波莫纳长大。16岁的时候，他从学校辍学，在餐馆、工厂和工地干活挣钱。21岁的时候，博恩收拾行囊，开着一辆旧车穿越美国。几年后，他离开家乡闯世界，十年未归。他在去往非洲的路上，发生了一个小插曲，对他的生活产生了很大的影响。1965年，他驾驶他的路虎去穿越撒哈拉大沙漠时，半途抛锚。他明白如果他和朋友们不能修

第 9 章
现在就开始行动

好车,就是死路一条。就在那时,他心中的某种信念突然坚定起来,他必须对自己的生命负责。他们想办法修好了车子,走出了沙漠,逃离了死亡。但这次体验告诉他一条宝贵的经验:"你必须清楚自己立下的目标,可以灵活掌握进程,然后尽可能想方设法地不断学习。"

现在,博恩·崔西是美国首屈一指的个人成长方面的权威人士,致力于个人潜能开发和实力发挥。他是一位优秀的演说家,为听众讲述成功学,鼓舞众人发挥自己的最佳实力,取得高水准的成功。他充满活力,能力卓越,演讲时让人耳目一新,精神为之一振。每年听他演讲的男男女女数以千计,他为他们宣讲个人生活和职业发展。听众中不乏著名公司的高管和职员,如 IBM 公司、安达信会计师事务所、麦克唐纳·道格拉斯公司、百万圆桌会议。他激动人心的演讲和培训,涉及领导才能、自尊、目标、战略、创造性、成功心理学,产生的效果立竿见影,影响长远。博恩·崔西拥有传播学学士学位,继而又获得硕士学位,任博恩国际有限公司总裁。这家人力资源公司位于加利福尼亚州的圣地亚哥,在美国各州以及 31 个国家设有分支机构。

在创立博恩国际有限公司之前,博恩就在一家总资产 2.65 亿美元、年销售额 7500 万美元的发展公司任 CEO。在那家公司,从市场营销和投资咨询,再到房地产开发与连锁、进口贸易、批发、管理咨询,博恩都做得非常出色。他一直在做高级咨询业务,与好几家市值几十亿美元的公司合作,负责策略规划和组织发展。

博恩还出版了许多畅销图书,而且既负责写作又负责解说,包括《博恩·崔西口才圣经》(*Speak to Win*)、《成就心理学》(The Psychology Achievement)、《快速商业成功》(Fast Track to Business Success)、《销售中的心理学》《成功女性》(Peak Performance Woman)、《成功心理学》(The Psychology of Success)、《生意成交的24种技巧》(24 Techniques for Closing the Sale)等书籍。另外，他还写有《最高成就》(Maximum Achievement)和《高级销售技巧》(Advanced Selling Strategies)等新作。

与博恩·崔西的一对一访谈

问：你是如何在销售行业开始工作的？

答：10岁的时候，我挨家挨户推销香皂，挣夏令营的路费。后来我卖过报纸，还修剪过草坪。随着事业的发展，我开始去写字楼挨家挨户推销办公用品，也走访商号，推销共同基金和其他理财产品。随着时间的流逝，我拉过广告，推销过汽车、房地产、投资理财产品，做过培训和咨询服务，还有很多其他项目的产品。

问：多年来，你遇到的最大挑战是什么？

答：以我的人生经历来看，人生是不断发展的，其间会出现困难和问题，偶尔还会发生危机。这些年来，我觉得我遇到的最大挑战，都是与我的目标有关，这一点再清楚不过。我一直是坚持执行那些看似怪异的想法，直到目标实现，这是一种不断进行的挑战。

问：你的职业生涯中最杰出的成就是什么？

答：我的职业生涯持续了35年，横跨80个国家，干过22种不同的工作，还有很多其他的挑战、变化、困难和机遇，这些都在

第9章
现在就开始行动

我的记忆中。我感到最成功的就是我能够从事演讲和咨询工作,并且做得很成功。

问:谁是对你最有影响力的榜样或导师?

答:历史上那些成功的男女都是我的榜样,波斯帝国的居鲁士大帝、迦太基的汉尼拔和马其顿王国的亚历山大。我研习过历史,研究其中的历史人物以及当今的名人。我在商场上的良师如彼得·德鲁克、安迪·格鲁夫、厄尔·南丁格尔和吉米·罗恩,还有数不清的人,他们在个人能力发挥和组织效能方面做出了巨大贡献。

问:你运用过的最有效的销售技巧是什么?

答:我写过数百页资料,制作了几十个小时的音视频,培训过数以百万计的推销员。也许最有效的技巧就是,通过问问题来建立友好融洽的关系,花时间去搞清楚客户真正的需求,然后演示你的产品或服务,告诉对方最理想的解决方案。这种简单的方法应用于"关系营销""顾问营销""教育营销""策略营销",还有很多其他在当今激烈竞争的市场上常用的推销形式。

问:请举例说明你是如何在现实生活中运用这一技巧的?

答:这个技巧没有什么神秘之处,就是要重视客户的需求,而不仅仅是推销你的产品或服务。还有就是问问题,然后专心聆听对方的回答,提出建议和推荐,让客户去做出决定。这一招实际上每个人都可以用。

问:你给那些有抱负的销售人员最有价值的建议是什么?

答:对于一名销售人员,我能提出的最好建议是,首先一定要找到一种你自己很感兴趣的且愿意使用的产品或服务,并乐于销售给你的爸爸妈妈。然后,要在这个领域成为专家。学习产品或服务的有关知识,这样才能在任何地点、任何情况下,即使不带销售资料和宣传资料,你也可以销售。最后,我想建议的就是,推销员一定要坚持到底才能成功,如果你们坚持下来了,必能成功。

问:是什么让你有了现在的人生观?

答:我一直按照我实践和讲授的信条去生活。认识我25年的人,会说我一直没变。我一直这样,表里如一。

论奥格·曼狄诺的羊皮卷

奥格·曼狄诺确实是个天才,擅长写作,他的书通俗易懂。实际上,奥格曾告诉我,他的书之所以通俗易懂是因为它们太难写了。十卷羊皮卷总结了成功学的思想精华,让读者很容易理解。

学者和教授们写过的关于成功的书籍多如牛毛,很多是真理,但是统统无用。如果读者要弄明白书中所写的内容,还需要绞尽脑汁,那么这些书就毫无价值。人们需要内容贴切和实用的书籍来读。奥格的书通俗易懂,能帮大家修身养性,读后可以提升各种能力,取得成就,对推销员而言是非常实用的工具。

第 10 章
祈祷的力量

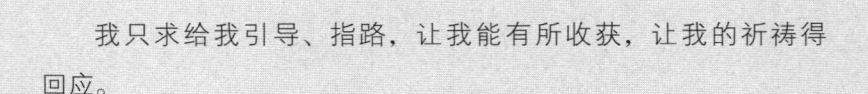

我只求给我引导、指路,让我能有所收获,让我的祈祷得回应。

羊皮卷宝训 10：
祈祷

是否有人信心如此之小，在大难临头或心碎时刻不呼求他的上帝？面对危险、死亡、超验的神秘力量威胁之时，不依赖他的神？**意外中、危难中，这种呼求脱口而出，这样深藏的本能从何而来？**

你在一个人眼前挥手，他马上就会眨眼睛；你敲他的膝盖，他的小腿会自动弹起；一个人受到惊吓，身处险境，他会发自内心张口惊叹"天哪"。

我的生命不须囿于宗教，就可以知悉大自然这份伟大的奥秘。所有的活物，在地球上行走，包括人类，都拥有求救的本能，我们为什么有这样的天赋？

我们的疾呼不就是祈祷吗？ 在一个听命于自然规律的世界里，每当危险发生时，羊羔、骡子、鸟儿或人类都会本能地疾

第10章
祈祷的力量

呼求救，而且，智者还有一种能力，让力量更强大的同类能够知晓，前来救援，这就是祈祷、祈求，这不是非常容易理解吗？

从此以后，我会祈祷，我祈求帮助，我祈求引导。我不祈求得到世上的物质财富，我不是要仆人给我端上食物，我也不是要酒店老板给我开房间。我不会求谁给我送来金银财宝、爱情、健康、小的胜利、名誉或幸福。**我只求给我引导、指路，让我能有所收获，让我的祈祷得回应。**

我寻求的引导也许会有，也许不会有，但这些都是回应。一个孩子找爸爸要面包，但是暂时没有得到，这不能说是没有回应。身为一名推销员，我会这样祈求引导：

哦，造物主啊！请帮助我。我为今天祈祷，我只身来到世上，一无所有，没有你的手引导我，我会偏离通往成功和幸福的道路。

我不求金银和华服，也不求符合我能力的机遇，但我求你引导我，这样我就可以抓住机会。你教会狮子和老鹰猎取食物，你给它们锋利的牙齿和爪子，**请你教给我如何用语言和爱心去工作，在人群中做一只商场里的狮子或老鹰。**

我祈求，请帮助我保持谦卑的心，**跨越障碍与失败**；我祈求，请让我看到随着胜利而来的奖赏。

请给我布置任务，尽管其他人完不成；我祈求，请指引我，从他人的失败里采集成功的种子。让我面对恐惧，锤炼我的心灵，给我勇气，去笑对我的不安。

请给我充足的时日，让我实现我的目标，并帮助我，让我把每一天当作生命的最后一日。

请指引我的言谈，好让它们可以结出善果，并帮助我缄默不语，远离闲扯。

请让我自律，养成习惯，努力之后再努力，但求给我指路，让我运用平衡法则；**请帮助我警醒，让我识别机遇**，但求给予我耐心和专注；让我浸染于良好的习惯，恶习消散，但求让我怜悯他人的缺陷；让我忍耐，让一切不顺都逝去，但求帮助我，顾念今天的好处；让我尝到憎恨，从此见怪不怪，但求让我的杯中满是善爱的甘醇，陌生人也会变成朋友。

所有这些，唯你所愿。我只是一粒孤单的小葡萄，挂在藤蔓上，而你让我与众不同。天生我材必有用，请指引我，帮助我，给我指出道路。

当我这颗种子播下，当我被你选择种植在葡萄园时，**就让我随你所愿去成长吧**。

我的上帝，请帮助我这个谦卑的推销员吧！

培训课 10：能力无限

那铭刻于潜意识的东西，终将变成现实。

你做事的能力，受限于你的知识。销售知识越少，你掌握的销售技能也就越少。但是，你所具备的知识，不仅仅局限于你的头脑中。

如果你和一个团队合作，他们的知识就是你知识的延伸。为了获得这些知识，你只需要多问。每一个回答都将会让你的知识储备量得到扩充，这样就可以增强你的实践能力。

在羊皮卷第十卷中，你将会学到如何读懂宇宙中无限的知识，你将会学习用祈祷的力量，在宇宙中遨游智慧的海洋。但是，接通互联网，并不意味着一切答案都可以自动到来，你照样必须学习使用祈祷去寻找成功的秘钥。

1 本能中认识上帝

"意外中、危难中,这种呼求脱口而出,这样深藏的本能从何而来?"

大多数人都有一种潜意识,认为上帝是存在的。不论你称"他"还是"她",我们都相信有一位超级智慧的存在。我们明白自己创造不了自己,但我们存在于这个世上。

这并非要影响你的宗教观,或改变对上帝的本质看法,或增加你对人性的责任义务的观点。当我们陷入困境时,许多人会发自内心地呼求上帝,然后才知道我们在做什么。因为人类拥有这样本能的条件反射,似乎我们都意识到了上帝真真切切地存在,即便只是一种不自觉的意识。

2 祈祷的本质

"我们的祈求不是一种祈祷吗?"

婴儿啼哭,是因为他不会说出自己的需求。年龄越大,我们因身体不适而留下的眼泪就越少。在长大之前,我们的眼泪只为内心情感的不适而流了。像婴儿一样,我们啼哭,不仅仅是为了说明我们不舒服,而是寻求一种解脱。

从定义来看,祈祷是一种非常热切的请求。但向谁求呢?当生活的痛苦让你嘤嘤啜泣,仅仅是因为压力太大寻求解脱吗?当你的问题看似不可承担,你能转向谁寻求解脱呢?

当我们哭泣求助,我们应当直接向某个人哭诉,求得帮助,求得回应，这就很合理了。

3 决定祈祷

"从此以后，我会祈祷。"

曾经有个人认为，汽车只有在紧急情况时才使用，人们看到他总是在镇上步行，几乎不乘坐出租车、公交车或其他种类的快速交通工具，除非有急事。"如果上帝打算让我们坐车，他当初应该给我们安上轮子。"他的道理如此，但是，他做得越多，他遇到的紧急情况就越多。他走路的时间过长，造成他和人会面时总是迟到，结果，他被迫重新考虑自己的决策，开始使用快捷的交通工具。

这个道理同样适用于那些不到紧要关头不祈祷的人。如果祈祷确实能够在危难关头发挥作用，那么平时不那么危急的时候祈祷，不是很聪明的做法吗？生意要垮台了才去咨询专家，无疑是蠢笨的商业决策。同样，非要等到生活一团糟时才去祈祷，也是不明智的生活决策。

4 祈求引导

"我只求给我引导、指路，让我能有所收获。"

有些人祈求好几样东西，但都没能实现，于是就不再祈祷。这样的人不是在祈求，而是在要求。

上帝不是魔术师，也不是精灵或者妖精。祈祷并不是站在某个星球上许愿，也不是给圣诞老人写信要礼物。祈祷的核心不应该是获得物质财富或者好处，而是寻求指引。

懂得如何完成一件任务，远比任务完成本身重要得多。同样，接受指引，比获得物质财富更具价值。聪明人知其所以然，就可以得到他想要的。

5 期待回应
"让我的祈祷必得回应。"

如果一个人在电话里没完没了地说个没完，不让你插一句话，你会做何感想？你会举着电话，找空当说上一句吗？你会觉得这是一言堂，对不对？而我们祈祷的时候是不是也是这样，自顾自地说话，不听上帝的回应？

但是我们如何能够听到上帝的回应呢？我告诉你的不一定是唯一可以听到上帝回应的方法，但确实是一个方法。当你读到这句话的时候，回想一下，上次你想起一个好方法，但是因为它很新鲜，你怀疑它并不是你的所思所想。

现在，试想下，你祈求引导，然后安静聆听上帝的回应。你不是在听上帝的声音，而是一种意念，能给你提供你寻求的指引。不管这个意念是即刻获得，还是过了一段时间来到你的心间，一旦它出现在你的脑海，那就是你祈求的回应。

同样，期待一个回应，可以让你更容易辨认出它的到来。如果你不期待，那么回应即使来到你的眼皮子底下，你也注意不到。

6 | 请赐予我每日的食粮

"请你教给我如何用语言和爱心去工作,在人群中做一只商场里的狮子或老鹰。"

动物拥有本能,每日四处奔跑,可以克服很多困难求得生存。人类比其他动物更聪明,每天在布满荆棘的商场上奔波,也需要出自本能的技巧,才可以生存下去。但是,人类不仅仅具有本能,还擅长逻辑推理和智慧思考。所以,我们从上帝那里寻求引导,是理智的办法。

和其他领域一样,销售领域的成功依赖于知悉销售的工具。对推销员而言,语言是最重要的工具之一。好比锤子之于木匠,扳手之于机械师那样重要,语言对成功的推销员同样非常重要。

爱心,对于一切成功而言,是不可撼动的基石。热爱你的工作,对你的顾客充满爱心,将会使你的每一步都获得成功,不论你最终能挣多少钱。所以,在工作的行进中祈求指引,能让你过一种充实的人生。

7 | 请帮助我直面挫折

"我祈求,请帮助我保持谦卑的心,跨越障碍与失败。"

不随风弯曲的树枝易折断。谦卑赋予我们灵活性,在成功的道路上不至于被挫折扼杀。谦卑替我们卸下完美无瑕的重担,让我们变得更加灵活。

自我的人遭遇失败,总归咎于他人。实际上没有得与失是完全在于自己的，而是有其他人的参与。谦卑的人会接受这个事实，做好准备，迎接一切。

我们都存在缺点，也会犯错。谦卑的人遇到障碍或失败，会淡然处之，继续前行。胜不骄，败不馁。

8 请帮助我抓住机遇

"请帮助我警醒，让我识别机遇。"

有的人看到老城区的空地，会想到垃圾堆，有的人则会想到摩天大楼拔地而起，生意兴隆，人们安居乐业。两者的区别在于观看者的心态。情人眼里出西施，机遇亦如此。

"机遇"这个词在英文中就有开放的港口的意思。分辨机遇，意味着似曾相识的感觉。训练你的眼睛，机遇到来时就能抓住它。如果你非常了解机遇，你就会在它们到来时慧眼识珠。

培养慧眼，识别机遇，可以帮助你更好地利用想象的力量。

9 请帮助我激发潜能

"就让我随你所愿去成长……"

如果我们都能更好地利用自己的潜能，世界将是另一幅美景。因为这些电脑和软件产品性能复杂，你需要经验丰富的技术人员提供帮助。大部分电脑和软件公司都会为顾客提供免费技术支持，如果能充分利用，你就能更好地使用产品，原因就是你直接从厂家那里得到了协助。

对人这部"机器"而言，要想获得技术支持和服务，祈祷就是唯一的途径。通过祈祷，你可以从"厂家"那里直接获得帮助，就可以了解如何更好地利用你尚未开发的巨大潜力。

10 请帮助我找到成功的途径
"我的上帝，请帮助我这个谦卑的推销员吧！"

没有辅助手段，很难找到你未曾去过的地方。但是，从他人那里得到的帮助，不一定总能够把你带到你要去的终点站。成功的意义因人而异。某个人认定的成功，也许会给你带来无尽的遗憾。

上帝是指引我们的唯一源泉，祂能为你精确地指出你要到达的理想终点。问题并不在于获得上帝的指引，而是在于人们能够遵从。

如果你从未得到过实现人生目标的引导，那么先停一停，花点时间祈祷。请求上帝来帮助你，你也要静心恭听。但是，一旦你得到了指引，照着执行就是你的事了。如果你已经接受了指引，知道如何到达你想要去的终点，那么只要坚持即可。如果走偏了路线，今天就重新开始，找到正确的方向，最终，你将到达你的终点站。

实战练习：如何祈祷

下面的练习能够帮助你在实际生活中运用祈祷的力量。你将要开始做的事情，是创建一项自我实现的预言。这个过程的第一步是在脑海中，为你所希望的结果，描绘一个清晰的画面。为此，首先写出你对自己将来的描述，如你所愿的那样。描述一下你希望在下一个五到十年中，你希望自己的人生成为何种样式。

1. 你想拥有什么样的品质和个性？
2. 你想获得什么样的职位和收入？
3. 你想拥有什么样的友情和家庭关系？
4. 你想让自己的身体和心理健康处于一种什么状态？
5. 你想在自己的社团中具有什么样的地位和影响力？
6. 你想为人类的利益做些什么贡献？
7. 你的心灵和智慧想要达到什么样的成就？

第 10 章
祈祷的力量

因为这是一项销售培训课程，我一直集中于创建一项成果，旨在增加销售效益和个人收入。你可以利用这项练习，只需变换重心，就可以在人生的任何方面，产生你期待的成果。

第一，就你的心灵建立一个目标（在这个情况下，指的是收入的提高）。

第二，尽可能多地收集和消化相关的信息资料。

第三，运用一个数学公式：$X+Y=Z$ 或 $Z-Y=X$，X 是未知数，Z 是你期待的那个数。这个公式用来描述你想要的收入。在此练习中，"Z" 应该是你打算提高收入的具体钱数。

"Y" 是你拥有的东西。代表你现有的资产的一个具体数目，能用来帮助你达到 "Z" 目标。

"X" 是你所需的东西，是个未知数。要求你运用自己的想象力，可以补足 "Y" 与 "Z" 之间的差额。

你心中的 "X" 越清晰，就越容易完成这项练习。因为 "X" 是你不具有的某种东西，避免受到诱惑，让你以为只是有可能达到目标。为了帮助你做好这一点，你需开动脑筋，努力思索这个难以达到的 "X" 究竟是什么。

你可以把它们摊开来慢慢思考，但是，你若不把它们从脑子里拖出来，就无法看清楚。

一旦你认清了 "X"，就把它写下来，变成你祈祷的核心问题。如有必要，反复祈祷，一旦得到答案，就要用行动表示感激之心。

向奥格·曼狄诺致敬

几个世纪以来,上帝拣选了特殊的信使,把智慧变成文字。奥格·曼狄诺就是这样一位信使,他的书谱成了一曲交响乐,回荡在成千上万人心中,人们被他所传达的天意所激励。

在生活中,奥格花费了无数的时间,阅读并研究了大量的书籍,包括哲学家、学者、先知和圣人们的书。通过深刻地思考这些书籍的内容,他为众人揭开了成功和财富的最大秘诀。现在奥格已经穿越了时间的界限,到达了永恒的王国,将励志的无价之宝赠予世人,让你以此来武装自己,净化精神灵魂。

用十卷羊皮卷作为开启生命奥秘的钥匙,你将获得无限的物质财富和情感上的满足。同时,你也会意识到,最大的成就不是得到这些奖赏,而是获得了开启这些奖赏的钥匙。所以,让你的心灵为之欢呼雀跃吧,就像是拥有了你所追求的巨大的成功。

奥格的智慧仍然像太阳一样,放射着光辉。在他的书中,奔腾出智慧的河流,滋润着那些认真而深刻体会的人。奥格用他所获得的奥秘,影响着你的人生和世界。诗人纪伯伦说得好:"如果你想表达对他的敬仰,只需告诉人们,他在书中所传达的智慧是他留给世界的宝贵遗产。"这样,我们就可以齐声歌颂,让子孙后代都听到这个声音。

为了概括下这个销售培训课程,让我给你讲个故事,再做个祈祷,画上一个圆满的句号。不论你想在潜意识里铭刻下什么理想,最终都会在你的真实生活中实现！这一点很重要。

很多年前，有一天我熬夜到很晚的时间，我当时想算下我的账单，那时候我的经济很拮据。但是不管我加班多少次，我的开支总是超过我的收入。然后，我有些要崩溃了，突然汽车防盗铃响了起来，我走出去打开门，环顾四周却空无一人。我的车就停在空地上，如果有谁来撬锁，我肯定能看到。尽管如此，这个念头一闪而过，我还是回屋关上了门，继续我的计算。还不到一刻钟，车警报又响了起来，我又跑到外面去查看，"也许是上帝想告诉我什么事情吧？"我仰望天空，繁星点点，我感觉我的心在飞翔，仿佛能看到宇宙的深处。突然间，我的愁绪全消散了，那一刻，我感觉到安宁，我马上祈祷："主啊，请帮助我，让我永远记住这一刻的安宁。每当有担心和焦虑来吞噬我，我就能想起这个时刻得到的安宁的感觉。"

三天后，我因感动写下一首小诗。我将这首小诗印在我的内心深处，印在我的潜意识里。每当我被担忧和焦虑折磨，我都会想起这首小诗里所述的那种安宁平静的感觉。实际上，当那些问题掠过我的生活时，这首小诗就会出现在我心里，自动弹起一支美妙的歌曲，将我带入一个平静安宁的世界。真诚希望这首小诗能够让你想起奥格的十卷羊皮卷，把它们铭记在心，从而保持良好的心态，取得成功，所以我为你留下这首小诗。我为你祈祷：

祈祷

你要做的事情那么多，你的目标又是那么遥远，
但你还是不遗余力，从这里走向前。
当生活的重担落在双肩，却并未得到任何改变，

祈祷中双膝不由跪地，恳求上主的帮助。

热泪留在你渴求的双手，你已经别无留恋，
祈望上主懂得你的心意，你谦卑的心灵如此渴念。
然而还未等你开口，内心有个声音将你的心思说穿，
你寻觅已久，而就这样突然，祂就来到了你的心间。

"祂是永恒的王，永恒不朽，
祂是上帝，祂是你亲密的朋友，世间的一切都由祂创造，
祂创造了大地，祂创造了月亮，祂创造了太阳，还有蓝天。
祂送来了独生子，是为了让你得到自由，又在十字架上牺牲了自己，死而无憾。
祂造出天空的星辰，星系则遥遥不可瞥见，
这独一的造物主如此超能，你有什么要求不能实现？"

有着这样的观念，你的恐惧将会终止，你的焦虑也将消散。
你感到自己无比的平静，那是因上帝驻于其中，祂的安宁给予你温暖的港湾。
你不必说，你内里的所思所念。
但在困境中的祈祷，带着赞美，因为，上帝开了一条出路，好让我征战。

当你在人生中遇到不可避免的挑战时，愿古训里的智慧能够自动浮现在你的脑海，一直伴随并指引你向着成功的终点行进。

第 10 章
祈祷的力量

人物聚焦

丹尼斯·威特利
(Denis Waitley)

丹尼斯·威特利小传

丹尼斯博士被世界公认为高水平发展和个人成就领域的权威人士之一。他是阿波罗宇航员、超级碗冠军和美国奥运队的心理咨询师。他的励志录音带被译成 14 种文字,售出 1000 多万张。在个人生活和职业发展领域,人们最常听到的就是他的声音。他创作兼诵读,最为人知的就是《成功心理学》(*The Psychology of Winning*),这部录音系列在非音乐类目中一直畅销于世。自 1978 年首次发行以来,已经创造了近 1 亿美元的销

售额。

威特利写了十部非小说类书籍，都是有关自我管理的内容，其中两部是国家级最畅销书目：《伟大的种子》(*The Seeds of Greatness*) 和《心灵帝国》(*Being the Best*)，以及他的最新力作《领导自己》(*Empires of the Mind*)。威特利博士还是美国众多公司、协会和机构追捧的演说家之一。

1991年，威特利担任美国国家自尊委员会和职业教育总裁委员会的创会理事。由于他对中学青少年领导力的杰出贡献，被国家青年领导力委员会授予"青年火焰奖"。20世纪80年代，威特利受命于美国奥委会主席威廉姆·西蒙（William Simon），作为一名非医生为委员会的体育医疗部工作，担任心理室主任，负责为美国奥运会运动员们提供心理辅导，以期提高他们的成绩。另外，威特利还在南加州大学任访问学者。

20世纪70年代，威特利曾在国际高等教育学会任职，这是一家非营利组织，由乔纳斯·萨尔科博士（Dr.Jonas Salk）和其他主要公共卫生学科学家创办。他还为美越战争后返回美国的战俘进行心理辅导，并提供专业咨询。20世纪60年代，在研究期间中，威特利在加州拉荷亚市的萨尔科学院任职，担任生物学研究顾问。另外还对美国航天局阿波罗宇航员进行了模拟和压力管理训练。威特利毕业于安纳波利斯的美国海军学院，曾是一名海军飞行员。1979年，威特利从拉荷亚大学毕业，获得人类行为学博士学位。他和妻子苏珊居住在加州圣达菲的一个牧场，有七个已经成年的子女。

与丹尼斯·威特利的一对一访谈

问：你是如何在销售行业开始工作的？

答：我并不是直接进入销售行业，但是我一直在相关领域工作，如游说、思考和自我发展领域。我认为，每个人都是销售人员，尤其在今天。你就是在推销自我，买家根据卖家的价值来做出购买决定。产品需要品牌知名度，推销员同样也需要。每个人都有"个人品牌"：正直、可靠、创造力，以及所提供的服务是否有价值等。

问：**多年来，你遇到的最大的挑战是什么？**

答：最大的挑战是我在生活中需要克服缺乏自尊的问题，因为我出身于低收入的不正常家庭。之后就是我战胜了癌症病魔。

问：**你的职业生涯中最杰出的成就是什么？**

答：我是家里孩子值得效仿的榜样，也是下一代学习的榜样，这就是我最杰出的成就。

问：**哪些人是对你最有影响力的榜样或导师？**

答：我人生中有几位榜样：我的祖母鼓励我读了《伟大的种子》；乔纳斯·萨尔科博士开发了脊髓灰质炎疫苗，他鼓励我获得了人类行为学博士学位，激励我研究生命与健康代替疾病与治疗；维克托·弗兰克博士（Dr.Viktor Frankl）是第二次世界大战大屠杀的幸存者，写有《人类对意义的寻求》(*Man's Search for Meaning*)，他是我的教授，是他建议我们写请愿书，要求在纽约建自由女神雕塑。

问：你运用过的最有效的销售技巧是什么？

答：我唯一使用的销售技巧就是通过我的努力给他们希望，帮助他们实现目标。我相信，在为他们服务的过程中，我的付出能比我希望得到的要多，因为这样会给他们带来动力和信任。

问：请举例说明你是如何在现实生活中运用这一技巧的？

答：现实生活中，我常常询问和聆听，关注和珍惜对方，我会立刻表现出我把他的利益置于我自己之上。在每段人际关系中，我都会要求自己率先给予和奉献，然后才有所表示，需要对方的回报。我会默默自语："他们和我讲话了，我要让他们愉快。"我希望他们觉得"和他在一起，我觉得自己状态最好"。

问：你给有抱负的推销员最有价值的建议是什么？

答：相信自己的产品和服务，全心全意投入。了解自己产品或服务的性能特点、适用范围。不要急于成交买卖，暂缓赚钱的想法，把客户的需求和期待放在第一位，准备好发展一段长期的关系。

问：是什么让你有了现在的人生观？

答：曾经有段时期，我很重视获得物质财富以衡量我的成功。但没有人在意你所取得的成就，除非你的成功能使人们受益，也满足他们的梦想，当我意识到这一点，变化就发生了。

论奥格·曼狄诺的羊皮卷

我第一次注意到奥格·曼狄诺时，还没有读过他的书。当时，他主管 W. 克莱门特·斯通（W.Clement Stone）的《成功》杂志，就像电视节目单那种大小的杂志。引起我注意的是他的名字——奥格，让我想起很多书里描写的我们的祖先，他让我联想到那些精灵，自由自在，难以驾驭。这名字配奥格·曼狄诺恰如其分，他的创造和遗产永远流传。

他的智慧有岁月的沉淀，才华横溢，激励人心，让读者在每个篇章中都能领略得到。对我而言，他的书弥足珍贵，我的"曼狄诺图书馆"丰富多彩，有《世界上最伟大的推销员》，还有我的第一部《圣经》《第十二个天使》和《成功的十卷羊皮卷》。

我可以写满一页的论文，来表达对他的敬仰。他为开发人类潜能做出了巨大贡献，不论是罗素·康威尔（Russell Conwell）、詹姆斯·艾伦、亚伯拉罕·马斯洛（Abraham Maslow）、卡尔·罗杰斯（Carl Rogers），还是厄尔·南丁格尔和诺曼·文森特·皮尔，他们对人类的影响都不及奥格·曼狄诺。他就像我的朋友比利·格拉汉姆（Billy Graham），两人有诸多不同，但都传递了一种跨越时空和语言文化的信念，在同时代中无人能及。

如果夸赞的最高境界是模仿，那么奥格就是众人效仿的楷模。30年来，他的风格一直被模仿。好几个"克隆体"成为国内畅销书。但是，在我看来，曼狄诺的光辉之作无人能及，也没有人能达到他那样的深度，应该建立一座曼狄诺原创灵感研究所。今天令人担忧的是，很多书籍不是写出来，而是生产出来的，把别人的故事加以组装，既简单又诱人，而要发挥出自己的天赋，则需要长时间的尽心尽力和大量的潜心工作。

20世纪70年代到80年代，在积极思维聚会上，能和奥格一起闲坐，谈笑风生，是一项特殊的款待。当时，保罗·哈维（Paul Harvey）、阿特·林克莱特（Art Linkletter）、金克拉、罗伯特·舒勒（Robert Schuller）、诺曼·文森特·皮尔，都曾享受过这种款待。奥格看着我，目光坚定，问了我很多关于我的职业、写作、演讲、期望、生活等方面的问题。然而，他的生活对我来说依旧神秘。

当我和奥格共用一个搭建的平台时，我想当时是遭遇了停电，芝加哥地区正逢暴雨，我看见台上幕布之

第 10 章
祈祷的力量

间,点亮了一支蜡烛,我明白那是完全没有电了。那时,我听到一个洪亮的声音,透着坚定,那是奥格在向人们讲述《成功的十卷羊皮卷》。查尔斯顿·海斯顿(Charleston Heston)从奥格手中接过来那本羊皮卷的时刻,他的头发和胡须就变白了,这种情景我再也没有见过!只有奥格能做到,无可复制。

当我在果园、山间和海滨漫步,耳边仍回响着他的声音:"今天,我开始了新生活。我对自己郑重宣誓,没有什么可以阻止我的新生命成长……大浪淘沙,往事如风,唯有纯粹的真理准则,提炼升华,滴滴精华,字字珠玑,我会按照习惯的指示全部饮下,一滴也不浪费,成功的种子我也会如数吞下。今天,那些陈年往事宛若尘土,我将脱颖而出,改头换面,开始全新的生活。"

你真的是一个全新的人,因为我们最亲爱的朋友奥格,也因为你心底的那首歌:"我将用发自内心的爱恋去拥抱新的一天。"

THE GREATEST SALES TRAINING IN THE WORLD By ROBERT NELSON

Copyright © 2000,2004

This edition arranged with RIGHTS & DISTRIBUTION,INC Though BIG APPLE AGENCY,INC.,LABUAN,MALAYSIA.

Simplified Chinese edition copyright © 2020 by China Renmin University Press Co.,Ltd.

All rights reserved.

本书中文简体字版由 RIGHTS & DISTRIBUTION,INC 通过大苹果公司授权中国人民大学出版社在中华人民共和国境内（不包括香港特别行政区、澳门特别行政区和台湾地区）出版发行。未经出版者书面许可，不得以任何方式抄袭、复制或节录本书中的任何部分。

版权所有，侵权必究。